▌基礎編▌

必携 Derivative Documentation
デリバティブ取引の仕組みと契約書の概要

デリバティブ・ドキュメンテーション

植木雅広 [著]

近代セールス社

はじめに

　本書「基礎編」は、「基本契約書編」、「担保・個別契約書編」、「実戦編」、「サマリー版 当初証拠金契約書の実務」、「規制対応編」に続く、「必携デリバティブ・ドキュメンテーション」シリーズの第6作目である。過去の5作は契約書の分野ごとの解説書であったが、今回は、1冊の本で、デリバティブ取引の概念、仕組み、歴史、リスク管理、更にはその契約書の概要を学ぶことが可能な包括的な入門書である。

　本書の制作の発端は、本書の出版社である株式会社近代セールス社主催のセミナーだった。2018年9月から2022年6月にかけて、筆者が講師を務めるセミナーを計5回開催する機会に恵まれた。そのうちの第1回セミナー（2018年9月7日開催）と第2回セミナー（2020年11月13日開催）で解説した、非清算集中店頭デリバティブ取引の証拠金規制（以下「マージン規制」）に伴う当初証拠金契約書の実務については、その講義録を基にして前述の「サマリー版 当初証拠金契約書の実務」、「規制対応編」を上梓した。

　その後、第3回セミナー（2021年6月4日開催）で解説したISDAマスター契約の実務、第4回セミナー（2021年11月26日開催）で解説したコンファメーションの実務、第5回セミナー（2022年6月3日開催）で解説したデリバティブ取引の概要を、その講義録を基に再編集して、本書「基礎編」を制作する運びとなった。以前より、頁数の比較的少ない薄手の本1冊で、デリバティブ取引の仕組みとその契約書の概要を浅く広く学ぶことのできる入門書の必要性を認識していたので、上記セミナーが好評を博したこともあり、今般の「基礎編」の上梓へと至った次第である。

　以下、本書の概略を説明する。

　第1章では、「デリバティブ取引の概要」と題して、デリバティブ取引の概念、仕組み、歴史、リスク管理、規制等を概説した。特に古典的なデリバティブ取引から本格的なデリバティブ取引への発展、リーマン・ショックに代表される事故・事件、それを契機とする法整備やマージン規制等の

規制強化への流れについては、知られざる史実を含めて解説を行った。

　第2章では、「デリバティブ取引の基本契約書としてのISDAマスター契約」と題して、ISDAマスター契約の仕組み、特色、使用上の注意点等を概説した。

　第3章では、「ISDAマスター契約の本文部分（Section 1 ～ 14）の概略」と題して、ISDAマスター契約の本文部分の条文の逐条解説を行った。但し、初心者向けに、枝葉末節を省いて、その全体像を分かり易く説明した。

　第4章では、「ISDAマスター契約のSchedule部分（Part 1 ～ Part 6）の記入方法」と題して、ISDAマスター契約のSchedule部分（特約記入欄）の記入方法を解説した。但し、初心者向けに、枝葉末節を省いて、その全体像を分かり易く説明した。

　第5章では、「コンファメーションの総論」と題して、ISDA制定のコンファメーションの作成方法や全ての種類の取引に共通する専門用語の解説を行った。

　第6章では、「コンファメーションの各論」と題して、ISDA制定のコンファメーションの取引種類ごとの作成方法を解説した。但し、紙幅の制約により、NDF取引（Non-Deliverable Forward）、CDS取引（Credit Default Swap）等の複雑な取引のコンファメーションの解説は割愛した。その詳細については、「担保・個別契約書編」をご参照されたい。

　第7章では、「新定義集2021 ISDA Interest Rate Derivatives Definitionsの概略」と題して、LIBOR等の廃止と新金利指標への切り替えに伴って制定された新定義集2021 ISDA Interest Rate Derivatives Definitionsの概要と旧版の2006 ISDA Definitionsとの相違点を解説した。

　第8章では、「ISDA Credit Support Annexの概要」と題して、ISDA制定の担保契約書であるCSA（Credit Support Annex）様式の条文の概要、担保オペレーションの概要、マージン規制の概要、マージン規制専用のVM CSAとIM CSAの概要を解説した。但し、紙幅の制約により、VM CSAとIM CSAの逐条解説は割愛した。その詳細については、「規制対応編」をご参照されたい。

　「基礎編」の制作は、セミナーの講義録（講義の録音を活字化）や説明資料を基に執筆を行ったが、相応に苦労した。話し言葉で行った講義を音声活字化システムによって文字にした原稿を加筆修正して、言葉使いを書き言葉に直し、更に補足説明と最新の動きを追記し、全体のバランスを考えて加除修正を行う作業はなかなか大変だった。しかも、その作業の途中で筆者の勤務先の変更（他社への移籍）が発生し、執筆が大幅に遅延してしまった。今回は筆者の還暦の記念作品であり、相応の「生みの苦しみ」の成果でもある。

　毎回、繰り返して記しているが、本書における解説、記入例等は、あくまでも筆者の個人的見解に基づくものであり、筆者の現在の勤務先や過去に所属した組織で行われている実務とは全く別のものであることを予め申し上げておく。また、執筆にあたり読者の皆様や業界関係者のご好意により、取材協力、資料提供をいただいたが、取材源（ニュースソース）は著述家の職業上の秘密であるため、取材源の開示請求は固くご遠慮願いたい。

　また、ISDAマスター契約の条項や文言の解釈、そのSchedule（特約記入欄）の記入方法、ISDA制定の各種定義集や各種コンファメーション様式に関する解説は、あくまでも筆者個人の見解に基づくものであり、ISDAの公式見解とは必ずしも一致しないことも、併せて、予め申し上げておく。

　なお、改めて言うまでも無いことだが、本書は筆者の個人名による出版物であり、その内容も上記の通り、筆者個人の見解に基づくものであり、当然の事であるが、本書の文責および著作権は全て筆者個人に在ることを明記しておく。従って、本書に誤字脱字、誤解を与えるような記述が発見された場合には、筆者まで、ご連絡をいただければ幸いである。

　但し、本書は、あくまでも一般的な立場から書かれた解説書であるため、本書の記述を鵜呑みにしないでいただきたい。実際に個別のドキュメンテーションを行う際や、法令、税制が争点となっている場合には、各会社にて弁護士、公認会計士、税理士等の専門家に改めて相談されることをお勧めする。

　最後に、本書の出版にあたり、ご尽力いただいた株式会社近代セールス社の野崎真之氏を始めとするスタッフの方々、筆者の執筆活動を温かく応援してくださった読者の皆様、業界関係者、職場の同僚、友人、知人の方々に、この場を借りて、心より厚く感謝の意を表したい。

令和4年8月　摂氏36度の酷暑の中、冷房の効いた自宅の書斎にて。

植木雅広

目次

第4章　ISDAマスター契約のSchedule部分（Part 1〜Part 6）の記入方法

第1章

デリバティブ取引の概要

■ デリバティブ取引とは？

(1) デリバティブ取引（金融派生取引）の概念

「デリバティブ」という言葉を新聞等でよく見かけると思うが、多分その意味が分かる人は少ないだろう。このデリバティブとは、一体、どのような意味なのだろうか。実はそんなに難しい話ではなく、デリバティブというのは原資産・原取引から派生した応用取引という意味である。

デリバティブとは一般に次のような定義と考えられている。デリバティブという単語は、本来、derivative（派生的な）という形容詞であり、その動詞であるderive（派生する、由来する）を使った熟語のderive from（…から派生する）がmade from（…を原料とする）とほぼ同じ意味であることから、平たく言えば、デリバティブとは『○○を原料として△△が作られる』という意味である。そう考えると容易に理解できるだろう。

例えば、Butter is made from milk.（バターはミルクから作られる）とは、言い換えれば、バターはミルクを原資産とするデリバティブという意味になる。つまりデリバティブ取引とは「原資産、原取引から派生した応用取引」の意味であり、それが「広義のデリバティブ取引」である。それを金融取引に当てはめてみると次のようになる。

原資産／原取引	応用取引（広義のデリバティブ取引）
普通預金	定期預金
円預金	外貨預金
直物為替取引	先物為替取引
固定金利ローン取引	前半固定金利・後半変動金利ローン取引
債券現物取引	債券先物取引
株式現物取引	株式指数取引

上記の表に記載のとおり、例えば、預金であれば、普通預金に対して定期預金が、円預金に対して外貨預金が、それぞれその応用取引つまり

広義のデリバティブ取引である。

為替取引であれば、直物取引に対する先物取引が、住宅ローンであれば、ずっと固定金利の単純なローンに対して、固定金利が途中で変動金利に変わる選択が付いているローンが、それぞれ広義のデリバティブ取引となる。

このように既存の取引に少し変更を加えれば、それがデリバティブになる。従って、デリバティブの概念をさほど難しく考えることは無い。但し、以上の説明はあくまでも広義のデリバティブ取引であり、狭義のデリバティブ取引には複雑な取引も含まれている。

(2) 狭義のデリバティブ取引と広義のデリバティブ取引

もう少し掘り下げて考えてみよう。実務におけるデリバティブ取引の意味には、次のように狭義と広義の区別がある。

狭義	金利スワップ取引、通貨オプション取引等の典型的なデリバティブ取引（いわゆる元祖デリバティブ取引）を指す。
広義	狭義に加え、商品先物取引等の従前より存在していた市場取引を含め、応用取引全般を指す。

つまり、一般的な市場取引について、従来の取引内容に応用を加えて取引すること全般を「広義のデリバティブ取引」と呼び、「広義のデリバティブ取引」の全体集合のうち、数理ファイナンスを用いて本格的に行う金利スワップ取引、通貨オプション取引等を「狭義のデリバティブ取引」と呼ぶ訳である。

狭義のデリバティブ取引はいわゆる典型的なデリバティブ取引であり、後述のとおり1980年代初頭に登場した元祖デリバティブ取引である。その狭義のデリバティブ取引から、何故、広義のデリバティブ取引へと意味が拡大したのか？　その理由は金融取引で事故や事件が起こると、「デリバティブが原因だ」とマスコミで報道される場合が多いからである。特に巨額損失事件において、その取引が典型的なデリバティブ取引でなくても、当該取引に少しでも応用取引の要素があれば、「デリバティブ

で巨額損失発生!」等と報道されてしまう。例えば、元祖デリバティブ取引の誕生以前から存在していた商品先物取引で事故が発生すると、商品の直物取引ではなく、先物取引であり、応用取引であるため、デリバティブ取引だと報道されてしまう訳である。猫も杓子もデリバティブ取引とみなすのは程々にして欲しいものである。

(3) デリバティブ取引の対象となる原資産・原取引の範囲

　デリバティブ取引の対象となる原資産・原取引には下記一覧表に記載のとおり、様々なものがある。金利や為替だけに留まらず、商品、例えば、穀物、金属、石油、エネルギーといったものもデリバティブの対象となる。また最近、暗号資産（仮想通貨）を対象とするデリバティブが成長しつつある。それから、エクイティすなわち株式や株式指数、クレジットすなわちローンや債券の信用力を対象にしたデリバティブもある。更に、天候すなわち降水量、降雪量、気温等や自然災害すなわち大風（台風やハリケーン）や地震等のデリバティブもある。天候や自然災害はビジネスに影響するからである。例えば、ゴルフ場では雨が多く降ると客が減る、あるいは大風で工場の生産設備が被害を受ける、その結果、減った収益や損害を埋め合わせするデリバティブである。

　その他にも、インフレ率等の景気指数やCO2排出権のデリバティブもある。前者はインフレーション（物価上昇）によって資産が目減りするリスクをヘッジするデリバティブである。後者はCO2排出権の売買を対象とするデリバティブであるが、近年、その発展形態であるESGデリバティブが登場している。ESGとは、環境（Environment）、社会（Social）、企業統治（Governance）の頭文字を取って作られた言葉である。ESGは、気候変動問題や人権問題などの世界的な社会課題が顕在化している今日、企業が長期的成長を目指す上で配慮するべき経営課題とされており、もし企業がそれを怠ると、投資家や消費者から批判を受け、株価や企業価値が低下するリスクを負う。その点に着目し、例えば、従前より取引されている単純な金利スワップ取引においても、取引相手

がESGに積極的に取り組み、一定の基準以上の成果を上げていれば、その報奨金のような形で当該金利スワップ取引の金利を優遇するといった特典を設けた取引がESGデリバティブである。

デリバティブの対象には天候や自然災害もあれば、インフレ率やCO2排出権もあり、デリバティブは我々の日常生活にも身近な存在だとも言えるだろう。

種類	内訳
金利	預金、ローン、債券等
為替	主要国の通貨、暗号資産（仮想通貨）
商品	穀物、貴金属、卑金属、石油、電力等
エクイティ	株式、株式指数
クレジット	債券、ローン等の信用リスク
天候	気温、降水量、降雪量等
自然災害	大風、地震等
景気指数	インフレ率等
CO2規制	排出権取引、ESGデリバティブ等

(4) 取引所取引（上場取引）と店頭取引（OTC取引）の区分

デリバティブ取引の取引区分には、取引所取引（上場取引）と店頭取引（OTC取引）がある。その定義と特性は下記のとおりである。

取引区分	定　義	特　性
取引所取引	証券取引所、先物取引所等に上場されており、同取引所を通して行う取引。	取引単位、取引期間、商品内容が定型化、画一化された取引のみ。
店頭取引	取引所の外で当事者間で相対で行う取引。OTCはover the counter（店舗のカウンター越しに）の意味。	当事者間で自由に契約条件を決定可能。

また、後述する3つの取引形態（フューチャー、オプション、スワップ）と上記の取引区分の組合せは下記のとおりとなる。

取引区分	取引形態	対象となる原資産・原取引
取引所取引	フューチャー（先物取引）	金利、為替、債券、商品（穀物、貴金属、石油等）
	上場オプション取引	為替、株式、債券、商品等
店頭取引	OTCオプション取引	金利、為替、株式、債券、商品、クレジット、天候等
	スワップ取引	金利、為替、株式、商品、クレジット等

　フューチャー（先物取引）は取引所取引のみ、スワップ取引は店頭取引のみだが、オプション取引には取引所取引と店頭取引がある。

　なお、取引所取引と店頭取引には、実務上、密接な関係がある。例えば、店頭取引のデリバティブ取引（金利スワップ取引等）のリスクヘッジ手段として取引所取引（金利先物取引等）を使用するケースや、相対で成約した店頭取引のデリバティブ取引を中央清算機関（第8章の**6**参照）に譲渡（清算集中）するケース等がある。

(5) フューチャー、オプション、スワップといった取引形態あり

　デリバティブ取引にはその対象となる原資産・原取引が多数あるが、それを加工する技術すなわち取引形態には、主にフューチャー、オプション、スワップ等がある。それらはあまり聞き慣れない言葉であるが、その仕組みはさほど難しくはない。

①フューチャー（Future）

　まず、フューチャーは一番分かり易いと思う。為替、金利、株式、債券、商品等を先物価格で売買する取引であり、取引所（Exchange）に上場された、取引単位、取引期間（3ヵ月ごとの取引限月あり）、取引内容が定型化された取引である。比較的よく耳にする商品の先物取引があるが、それと同様の取引を為替や金利でも行うものである。これらの取引は取引所を通して行うため、商品が単純で、かつその取引の単位、期間、内容といった取引条件が画一化された定型商品である。フュー

チャーはその取引所を通して売買を行うため、当該先物取引の売手も買手もお互いに相手が誰なのかは分からない。それらの点が、お互いに分かっている相手と相対で（つまり取引所を通さずに）、かつニーズに合わせた取引条件で自由自在に取引が行えるOTCオプションやスワップとは大きく異なる。

　なお、フューチャーと類似するフォワード（Forward）という取引があるが、いずれも日本語では「先物取引」と訳されるが、両者は異なる概念であり、両者の違いは以下のように説明できる。

フューチャー	取引所に上場された定型商品としての先物取引（商品先物取引等）
フォワード	取引所を通さずに相対で行う先物取引（為替先物予約取引等）

　フューチャーは取引所に上場されているので、常に決まった商品性や取引内容となっている。一方、フォワードは相対で取引できるので、当事者同士である程度の幅を持たせた取引が可能となる。例えば、為替の先物予約取引（為替先渡し取引）は正にフォワードの代表例である。

②オプション（Option）

　次のオプションは若干説明を要すると思うが、さほど難しくはない。オプションとは正に選択であるが、オプション取引とは、為替、金利、債券、株式、商品等について、予め決めた価格で一定期間の経過後に買う（売る）権利を売買する取引である。

　従って、その現物を売買するのではなく、それを買う権利、売る権利を売買する、ワンクッションを置いた取引である。例えば、不動産の売買では、事前に手付金を払っておいて、当該不動産を買う権利を確保しておき、買う場合には購入代金の残金を払うが、買わない場合には手付金を放棄する。それに類似したことを金融取引で行うのがオプション取引である。

　オプション取引には、取引所に上場された取引だけではなく、相対で行う取引（OTC取引／OTCとはover the counterの略）もあり、むし

ろOTC取引の方が主流である。対価のプレミアム（権利料）は、価格
変動の期待値を基にして算出（ブラック・ショールズ方程式等を用いて
算出）する。数理ファイナンスの説明は省略するが、オプション取引の
仕組みはさほど難しくないので、下記の通貨オプションの事例を用いて
説明を行う。

図表１－１　通貨オプション取引の事例

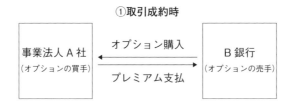

①取引成約時

　事業法人Ａ社は、Ｂ銀行より、３ヵ月後に100万米ドルを１米ドル
=120円で購入するオプション（権利）を購入し、その対価としてプレ
ミアムをＢ銀行に支払う。プレミアムとはその権利の価格である。プレ
ミアムの算定については、取引相手の信用力等の要素が入るため、実際
の算定とは異なるが、ここではプレミアムを100万円とする。つまり「３ヵ
月後に100万米ドルを１米ドル=120円で購入する権利」を100万円で購
入する訳である。キャッシュフローとしては、取引成約時にＡ社はＢ銀
行にプレミアムの100万円を支払うことになる。

（注）近年、プレミアムを権利行使（権利放棄）後に支払う慣行が一般
　　　化している。

②3ヵ月後／1米ドル=125円の場合

　３ヵ月後に、もし実勢相場が１米ドル=125円と円安になった場合には、
実勢相場では１米ドル=125円で買わなければならないが、Ａ社は１米ド
ル=120円で買える権利を有しているので、権利行使して買う方が得で

ある。当然、A社はオプションを行使し、100万米ドルを1米ドル＝120円でB銀行より購入する。通常、権利行使の2営業日後に為替取引の資金決済が行われ、キャッシュフローとしては、A社はB銀行に1億2,000万円を支払い、B銀行はA社に100万米ドルを支払うことになる。その結果、実勢相場では購入に1億2,500万円が必要となるが、A社は権利行使により1億2,000万円で購入し、プレミアムとの差し引き400万円の利益となる。

③3ヵ月後／1米ドル＝115円の場合

3ヵ月後に、もし実勢相場が1米ドル＝115円と円高になった場合には、実勢相場では1米ドル＝115円で買うことができるため、その場合にA社がオプションを行使して1米ドル＝120円で100万米ドルを購入すると、実勢相場よりも1米ドルあたり5円高い価格での購入となり、500万円の損となる。従って、A社はオプションを放棄し、実勢相場の1米ドル＝115円で100万米ドルをB銀行より購入する。プレミアムの100万円は損となるが、もしオプションを行使していれば500万円の損をしていたので、権利を放棄する方がベターである。この場合、キャッシュフローとしては、A社はB銀行に1億1,500万円を支払い、B銀行はA社に100万米ドルを支払うことになる。

上記のとおり、オプションはあくまでも売買する権利であり、もし実勢相場が裏目に出て不利になったときには、オプションを行使して売買を行う必要は無く、オプションを放棄すれば良い。それがオプションの利点である。

ちなみに、通貨オプションと為替フォワード（為替先物予約）の違いは下記のとおりである。上記の事例を用いて説明を行う。為替フォワードにおいては、3ヵ月後に1米ドル＝120円で100万米ドルを購入するこ

とを約定しているので、もし3ヵ月後に実勢相場が1米ドル=115円の円高になったとしても、上記の約定があるため、1米ドル=120円で100万米ドルを購入しなければならない。その結果、1米ドルあたり5円の損が出るため、100万米ドルで500万円の損となる。為替フォワードでは、もし実勢相場が裏目に出ても約定を履行しなければならないので、辛いものがある。通貨オプションであれば、プレミアムの100万円を放棄するだけであり、500万円もの損は出ないので、通貨オプションの方がベターである。このような局面で利用すれば、デリバティブは便利なヘッジ手段である。

通貨オプション	1米ドル=120円で100万米ドルを買う権利であり、A社は権利行使日（3ヵ月後応当日）に同権利を放棄することも可能。その場合、損失はプレミアムの100万円のみ。
為替フォワード	A社は1米ドル=120円で100万米ドルを買うことを予約。予約日（3ヵ月後応当日）の実勢相場の如何を問わず、A社は1米ドル=120円で100万米ドルを買う義務あり。もし予約日の実勢相場が120円よりも円高となった場合、100万米ドル×（120円－実勢相場）の損失が発生する。

　上記のオプションは通貨オプションに留まらず、金利、コモディティ（穀物、貴金属、石油等の商品）、エクイティ（株式）、天候、自然災害、CO2排出権等にも応用が可能である。

　金利オプションには、第6章で解説するキャップ・フロア・カラー取引、スワップション取引がある。コモディティ・オプションでは特定の商品を予め定めた価格で買う権利または売る権利を、エクイティ・オプションでは特定の株式（または株式指数）を予め定めた価格で買う権利または売る権利を、CO2排出権オプションではCO2排出権を予め定めた価格で買う権利または売る権利を、それぞれ売買する。

　天候オプションにおいては、予め定めた計算期間内で気温が異常に高い日、気温が異常に低い日、雨が異常に多く降った日等が一定の日数を越えた場合に、かかる異常気象によってビジネスに生じた損害について約定の範囲で補償金が支払われる。自然災害オプションにおいては、ハ

リケーン等によって発生した損害が一定金額以上の場合に約定の範囲で補償金が支払われる。天候オプションと自然災害オプションは保険に類似した取引である。

③スワップ（Swap）

　次はスワップである。スワップとは正に交換するという意味だが、スワップ取引とは、例えば、固定金利と変動金利、商品等の固定価格と変動価格、円建て元利金受払と外貨建て元利金受払といった異なる属性の財物を等価値で交換する取引のことである。等価値となる金利、価格等の算定は現在価値（注）を用いて行う。スワップ取引は相対取引（OTC取引）のみであり、取引所取引（上場取引）は無い。そのため、その取引条件が非常にバラエティーに富んでおり、いわゆるテーラーメイド（tailor-made）であり、顧客の様々なニーズに応えることが可能である。下記の2つのケースで説明を行う。

＜ケース1＞

　A銀行から変動金利ローンを借り入れている事業法人B社は、将来の金利上昇リスクをヘッジし、資金繰りを安定化させるために、C銀行と「変動金利を等価値の固定金利と交換する」条件の金利スワップ取引を成約する。それによりB社は固定金利ローンの借入と実質的に同じ経済効果を実現できる。

図表1-2　金利スワップ取引の事例

　ケース1では、B社としては、本来はA銀行から固定金利ローンを借りたかったのである。毎回の利息支払が固定金利であれば、その利息支払のキャッシュフローが安定して資金繰りは楽になるが、変動金利だと、利息支払額が毎回変わってややこしいため、固定金利で貸して欲しかったのである。しかし、信用がないと、銀行は長期の固定金利の貸付は行

わないので、止む無く変動金利で借りざるを得なかった訳である。

　しかし、上記金利スワップ取引を行うことで、将来、変動金利が高くなってＡ銀行への支払金利が高くなっても、Ｃ銀行から受け取る変動金利で相殺できるため、変動金利が高くなったことのリスクは無くなり、Ｃ銀行に固定金利を支払うのみとなり、固定金利でのローン借入と実質的に同じ経済効果が得られる。信用力の関係上、銀行から固定金利ローンの借入ができない企業が他行で金利スワップ取引を成約して変動金利を固定金利に転換するという手法である。

＜ケース２＞

　事業法人Ｂ社は、海外進出のための資金を米ドルで調達したいと考えているが、信用力の関係上、困難であり、止む無くＡ銀行から借入れた円建てローンの元利金受払を、Ｃ銀行と米ドル／円の通貨スワップ取引を行うことで、米ドル建ての元利金受払に交換し、米ドル建てローンの借入と実質的に同じ経済効果を実現した。

図表１－３　通貨スワップ取引の事例（ローン実行時および期中利払い）

　ケース２は通貨スワップ取引の事例だが、これも銀行取引によくある話で、Ｂ社は海外進出を考えて、米ドルで運転資金を調達しようとしたが、Ａ銀行に「円でなければ駄目、米ドルの貸付はできません」と断られた訳である。外貨の貸付を行うには銀行が外貨を海外から調達しなければいけないため、なかなか難しい面があり、よほど信用が高い会社や、取引関係の長い会社でないと、いきなり外貨貸付は行ってくれない。結局、止む無くＢ社はＡ銀行から円貨で借りた。しかし、その円貨で借りたローンの元利金の受払をＣ銀行との間で通貨スワップ取引を行って、米ドルの元利金の受払に置き換えることができた。その結果、米ドル貨

で借りたのと同じ経済効果が得られる。つまり、メインバンクに話を断られたら、別の銀行に黙って行って、金利や通貨を置き換えることができる訳であり、確かにかかる面はデリバティブの良い面である。

　上記のスワップ取引は、金利、為替に限らず、穀物、貴金属、原油、航空燃料等のコモディティ（商品）、エクイティ（株式、債券）、インフレ率、不動産指数等にも応用が可能である。

　コモディティ・スワップ取引では商品の変動価格と固定価格を交換する。例えば、石油を固定価格で購入することを希望している企業が、その信用力が弱いため、変動価格での購入を余儀なくされている場合に、金融機関とコモディティ・スワップ取引を成約して、変動価格を固定価格に転換し、固定価格での購入と同じ経済効果を実現できる。

　エクイティ・スワップ取引では短期の変動金利と株式の運用益を交換する。投資家が株式購入資金を他社から借り入れて、同資金で株式を購入する場合、投資家は資金調達のための変動金利を支払い、購入した株式の運用益（配当金等）を受け取る。かかる場合に投資家が当該株式の運用益を支払い、変動金利に利鞘（スプレッド）を上乗せした金利を受け取るエクイティ・スワップ取引を金融機関と成約して、収益を確定させる経済効果を実現する。

　インフレーション・スワップ取引においては、インフレ率（物価上昇率）と保有する債券の利回りを等価値にして交換し、投資家が保有債券の価値のインフレによる目減りをヘッジする。不動産スワップ取引においては、不動産指数の変化による損益と変動金利を等価値にして交換することによって、投資家が借入金によって不動産投資を行う際の調達金利の変動リスクをヘッジする。

（注）現在価値の算出方法とその限界
　　　金利スワップ取引では、将来の利息支払額を各計算期間相応の運用利率で割算（割引）して現在価値を算出して、固定金利と変動金利といった異なる属性の利息支払のキャッシュフローを等価

値で交換する。

　ここで言う現在価値という考え方について、話を簡略化して説明する。100円を年利1％で1年運用すれば、来年の今頃には101円の元利金が返ってくる。つまり1％の利息が付いて101円になる。ということは、100円の1年後の将来価値は101円であり、1年後の101円の現在価値は100円という関係である。つまり、現在価値は、将来価値を「1＋運用利率」で割れば算出できる。これが現在価値の概念である。

　従って、金利スワップ取引で固定金利を変動金利にあるいは変動金利を固定金利に置き換える場合には、固定金利（または変動金利）の将来受け払いする利息のキャッシュフローを全て「1＋運用利率」で割算（割引）して現在価値を算出して、利息支払の回数で割れば、変動金利（または固定金利）に転換できる訳である。

　但し、上記では話を簡略化したので簡単に思えるが、実際はそうではない。まず変動金利は、通常、半年に1回リセットされる。そうすると、ここ半年、1年先の変動金利は予測できても、5年、10年先の変動金利はなかなか予測がつかない。一応、統計や過去の金利の変化率を見て、天気予報の長期予報のように推測するのだが、流石に5年、10年先の金利が高いか低いかは分からない。そこはあくまでもシミュレーションによる推定ベースである。

　また、その割引レート（運用利率）の方も常に一定の金利ではない。お金を貸す際の金利は、基本的に、短い期間なら安くなり、長い期間になれば、その貸倒リスクが高くなるため、当然、高くなる。従って、割引に使用する運用利率もその期間が長い方が基本的に高くなり、運用利率は計算期間ごとに異なり、かつ複利計算で割引を行うため、その算式は複雑となる。但し、その割引レートもあくまでもシミュレーションによる推定ベースで算定されるものである。

　つまり、割引の対象となる変動金利も推定ベース、割引レート

も推定ベースなので、それで算出した現在価値を利息支払の回数
で割って均等に配分しても、本当にこれが正しい値かというと確
かに疑問である。従って、デリバティブとはそのようなシミュレー
ションの世界であり、もし数理ファイナンスのロジックが間違っ
ていれば、駄目である。人間は神様ではないため、どんなに数学
を駆使しても5年、10年先の金利や為替相場を予測できないので、
そこにはやはり限界がある。

　また、上記のシミュレーションモデルはいずれの会社でも企業
秘密であるため、外部に見せることはできない。そのため、顧客
が「種明かしを見せていただきたい」と求めても、見せられない
面があるので、そのブラックボックスの面が一番怖いところである。
すなわち、便利ではあるが、かかる怖い面もあるというのがデリ
バティブの特性である。

２　経済活動におけるデリバティブ取引の位置づけ

何故、デリバティブ取引を行うのか。それには主に3つの目的がある。

リスクヘッジ手段として… 本来の用途	金利や為替の変動リスク、商品の価格変動リスク等のヘッジ目的での取引。Risk Hedger として活用。
運用手段として… ハイリスク・ハイリターンの投機	低信用先に対する高金利取引、価格変動の激しい取引等を原取引とし、かつ元本にレバレッジを効かせた投機性の高い取引。巨額損失発生のリスクあり。Risk Taker（Speculater）としての活用。
金融商品の重要な部品として… 飛行機、自動車と同じ必需品	多くの金融商品にその重要な部品としてデリバティブが組み込まれており、無意識のうちにデリバティブ取引の当事者となっているケースもある。必要悪の面あり。

　デリバティブはリスクヘッジ手段、つまり前述の事例のように金利や
為替の相場変動リスクをヘッジするための手段としては、有効で安全な

手法である（リスクの移転機能）。しかし、デリバティブで儲けようと考えて資産を運用するのは非常に危険である。2022年現在は金利が低いので、年間5%、10%の運用益を上げようと思えば、当然、ハイリスク・ハイリターンの投資になっていく。つまり、デリバティブの対象となる原資産が、信用の低い先に貸しているローンや発展途上国の会社の社債等のデフォルトするリスクは大きいが、その分だけ利回りが良い財物であるため、それを用いて資産を運用すれば、当然の結果として、上手くいく時は大いに儲かるが、裏目に出れば大損するリスクがある。そういう意味で、デリバティブを資産運用に使うのはあまり良くないのである。

但し、デリバティブを前述のヘッジ手段や運用手段として使わなくても、無意識のうちにデリバティブのユーザーになっている場合がある。というのは、金融商品の重要な部品としてデリバティブが内蔵されているからである。本章の冒頭で説明した、取引期間の途中で金利が固定金利から変動金利に変わる住宅ローンのような取引では必ず金利スワップやオプションを裏で組んでおり、商品の部品として、舞台裏でデリバティブを内蔵している訳である。

かかる身近な金融取引である預金取引やローン取引においても、デリバティブが内蔵されている場合がある。その意味では、デリバティブは必需品である。従って、自動車や飛行機と同じで、時々、事故は起こるけれども、自動車や飛行機を廃止する訳にはいかないのと同様に、デリバティブも必需品であるため、廃止する訳にはいかない。つまり、デリバティブは必需品であり、かつ必要悪の面もあるようだ。

❸　デリバティブ取引の歴史

（1）先駆取引

デリバティブ取引の歴史的な経緯を解説する。いわゆる「元祖デリバティブ」と呼ばれる本格的なデリバティブが誕生したのは1981年であり、今から40年ほど前のことである。しかし、それよりもっと前の時代に、

「今、思えば、あれもデリバティブだったな。」と考えられる取引、いわゆる「古典的デリバティブ」とも言うべき先駆的な取引が実は存在していた。

①哲学者ターレスのオリーブ圧搾機の賃借権のオプション取引

　デリバティブ取引の起源（嚆矢）は、今から約2500年前の古代ギリシャの哲学者ターレス（BC624頃 - BC546頃）のオリーブ圧搾機の賃借権のオプション取引だったと言われている。ターレスは朝から晩まで研究ばかりしていて商売気が全くない人だった。そのため、近所の農民が彼を馬鹿にして「ターレス先生は研究をしても、全然、金儲けにならない。」と冷やかしていた。それを聞いたターレスが怒って「今に見ていろ。」ということで、リベンジのために行った取引だったらしい。

　ターレスは、ある年、天文学の知識によって翌年のオリーブが豊作となることを予見し、オリーブ圧搾機を賃借する権利を業者から買い占めておいた。但し、その時点では、翌年にオリーブが豊作となることを誰も予測していなかったため、ターレスは平時の賃借料でオリーブ圧搾機を借りる権利を取得していた。翌年、ターレスの予見どおりにオリーブが豊作となり、オリーブ圧搾機の需要が拡大し、その賃借料は値上がりした。オリーブの収穫期になって農民がオリーブ圧搾機を業者に借りに行ったところ、1台も残っていない。業者から「全部ターレス先生が借りていった」と言われて、止む無く農民はターレスの所にオリーブ圧搾機を借りに行った。ターレスはオリーブ圧搾機を約束どおりの平時の値段で業者から賃借し、自分が借り入れた値段より高い値段で農民に貸し出すことで、巨万の富を築いた。その結果、研究しかやっていないと馬鹿にされたが、研究を応用すれば金儲けもできることを証明したという逸話である。

　ターレスの行った上記の取引がデリバティブの起源と言われている。これは、現在のデリバティブで言えば、オリーブ圧搾機の賃借権のオプション取引だと言える。また、天文学を駆使して、翌年のオリーブの豊作に伴うオリーブ圧搾機の賃借料の値上がりのリスクをオプション取引

でヘッジしたので、一種の天候デリバティブ取引と言うこともできる。

②17世紀のオランダのチューリップ・バブル

　その後、1636年から1637年にかけてのオランダでのチューリップの球根取引の投機バブル（チューリップ・バブル）において、球根のフューチャー（先物取引）やオプションが登場した。チューリップ・バブルは記録に残っている史上初の投機バブルと言われている。その当時、中央アジアや西アジアを原産地とするチューリップがオスマン帝国から西洋諸国に伝わり、その園芸が上流階級のステータス・シンボルとされていた。また17世紀のオランダの黄金時代の好景気とも重なり、チューリップの球根が非合理な高値で取引されるようになった。かかるチューリップ・バブルの中で、翌年に収穫される球根を先物で取引するフューチャーや、予め約定した先物価格以上に収穫時の球根の価格が上昇しなかった際に、一定の解約金を支払えば、当該先物価格での球根の購入義務を免除される（つまり先物取引を解除できる）という事実上のオプション取引が形成されていった。

③江戸時代の大阪堂島の米市場（米相場会所）

　また江戸時代の大阪堂島の米市場（享保の改革の一環として1730年に開設）が日本における商品先物取引（フューチャー）の先駆取引であり、かつ世界初の商品先物取引所と言われている。天下の台所と呼ばれた大阪では、日本全国の大名が農民から徴収した年貢米が集められ取引されていた。米商人の間で、米の売買価格を収穫前に予め決める取引いわゆる「帳合（ちょうあい）米取引」が行われていた。米の価格は天候、天災等の自然要因で常に変動するため、米商人は米の価格を安定させる必要があった。そのため、帳合米取引によって予め米の売買価格を決めておくことで、米相場の乱高下による不測の損害が生じるリスクをヘッジしていたのである。更に、帳合米取引はリスクヘッジ手段に留まらず、米価の値上がりを見越して安値で買い付けておいたり、米価の値下がりを見越して高値で売り付けておく等して、差金決済による売買差益を得るディーリング手段としても活用されるようになっていった。

④シカゴの穀物先物取引から金融先物取引への発展

　上記③の江戸時代の大阪堂島の米市場が世界初の商品先物取引所であるが、それから約100年後の1848年にシカゴ商品取引所（Chicago Board of Trade、略してCBOT）が設立された。更に、20世紀に入ってから、シカゴマーカンタイル取引所（Chicago Mercantile Exchange、略してCME）が設立され、CBOTとCMEが並立する体制となり、主に穀物の先物取引を行っていた。CBOTとCMEでの商品先物取引はデリバティブの先駆取引と言える。

　ところが、1971年のニクソン・ショック（米ドルの金兌換停止）により、外国為替が固定相場から変動相場制へと移行したのを契機に、CMEは為替先物を取引開始し、更に、その後、金利先物や債券先物の取り扱いも開始した。つい最近の2007年には、CMEがCBOTを買収し、グループ化し、巨大な上場デリバティブ取引所へと発展している。

　上記のように、フューチャーやオプションは仕組みが比較的単純であり、コンピューターや数理ファイナンスの無かった時代においても、古典的デリバティブ取引として取引されていた訳である。しかし、本章の冒頭で述べたとおり、広義のデリバティブは、原資産や原取引に何らかの加工を施せば、その時点でデリバティブと考えられる訳であり、その意味においては、原始時代の物々交換による商取引から既にデリバティブが始まっていたとも言えるだろう。海の民が魚介類を山の民に提供し、逆に山の民は獣肉や木の実を海の民に提供し、物々交換の商いを行う。これなどは正にスワップ取引である。そこには、当然、魚介類は海辺の地域では安価だが、海から離れた山地では高価となり、逆に獣肉や木の実は山地では安価だが、山から離れた海辺では高価となるといった、需給バランスによる価格形成や交換レートが経験則で定まっていた訳である。

　更に、物々交換からプロの商人の間で売買代金を後日清算する交互計算が始まる。物々交換の現物決済から帳簿上の後日決済や差金決済が始まった時点で、あるいは商品の先渡取引が始まった段階で、また新たな

デリバティブ取引が生まれた。その後、国家が形成され、貨幣経済が登場する。国家の信用によって、それ自体の素材価値の低い紙幣やコインに記載された金額の価値を持たせて、代金決済の手段とする貨幣経済そのものがデリバティブである。また顧客から集めた預金を元手に他の顧客に貸付を行い、信用創造によって元手の数十倍もの預貸金を形成する銀行業、ビジネスに必要な資金を投資家から集める株式や社債、更には株式や社債の転売も一種のデリバティブと考えられなくもない。ということは、現物による物々交換から始まった経済活動や金融取引の大部分が広義のデリバティブであり、我々は日常生活において、無意識のうちにデリバティブに接している訳である。

(2) 本格的なデリバティブ取引の誕生と発展

　本格的なデリバティブ取引いわゆる「元祖デリバティブ」の誕生については、1975年の米国のアポロ計画（有人月面探査プロジェクト）の終焉によりNASA（National Aeronautics and Space Administration／アメリカ航空宇宙局）の技術者が失業し、職に困った彼らがニューヨークのウォール街（金融街）に流入し、航空宇宙工学が数理ファイナンスに転用されたことが、その切っ掛けになったと言われている。

　元祖デリバティブの記念するべき第1号案件は、1981年に成約された世界銀行とIBMの通貨スワップ取引であった。この取引は、IBMが発行したスイス・フラン（CHF）建ての社債の元利金受払を米ドル建て元利金受払に交換するものであった（図表1-4を参照）。

図表1-4　世界銀行とIBMの通貨スワップ取引（社債発行時および期中利払い）

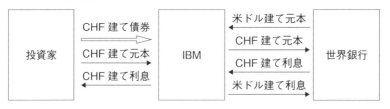

　図表1−4の第1号案件の成約を契機として本格的なデリバティブが
欧米市場で発展していき、日本にも1980年代半ばに金利スワップ取引
や通貨オプション取引等の初歩的なものが伝わってきた。日本では、
1980年代後半に、大手都市銀行を中心に金利スワップ取引等のデリバ
ティブ取引が始まり、バブル景気による追い風もあり、1990年代初頭
には信託銀行、証券会社、地域金融機関、生損保、大手事業法人（商社・
メーカー）にも徐々に拡大していった。

　1990年代半ばには、米国で次々と新種デリバティブ取引が誕生した。
金利系、為替系デリバティブ取引に加えて、エクイティ（株式）、コモディ
ティ（商品）、クレジット（債券やローン）、天候、自然災害を対象とす
るデリバティブ取引が誕生した。1990年代後半には、それらの新商品
が日本でも次々と広まっていった。

　かかる急激な市場拡大の結果、1990年代後半の日本では、商品の多
様化・高度化、取引量の急増、参加者の多様化が進み、それに伴うトラ
ブルや問題も表面化してきたため、リスク管理の問題、立法措置等のイ
ンフラ整備が急務とされ始めた。

4　デリバティブ取引の各種リスクとその管理

　デリバティブ取引には、当然、そのリスクが存在する。具体的には次
のようなリスクである。

　最も代表的なリスクと言われているのが市場リスク（相場変動リスク）
である。金利、為替、商品の相場が変化することにより収益が変わるリ
スクである。信用リスクというのは相手が倒産するリスクであり、最近
ではカウンターパーティーリスクとも呼ばれている。法務リスクは実は
かなり大きい。今日ではクロスボーダー取引があるため、日本では法的
に有効でも外国では有効ではないということがあるからだ。せっかく契
約書を締結したが、いざという時に使えなかったとか、あるいは日本で
合法的な取引が外国では違法になってしまったとか、こういった法務リ

リスクの種類	リスク管理の方法
市場リスク （相場変動リスク）	損切り（ロス・カット）ルールの導入、ヘッジ取引の実施等
信用リスク	取引金額の限度を設定、担保取引の導入等
法務リスク	契約書の整備、各国規制・法令の点検等
オペレーショナル・リスク （事務リスク）	チェック体制の強化、事務のオートメーション化等
システミック・リスク （連鎖倒産リスク）	取引の清算集中化、担保取引の導入等
ヒューマン・リスク	専門担当者の処遇改善、フロント・バックの牽制体制（第三者による取引確認）の確立等
システムITリスク	システムの定期点検、災害発生時のバックアップ体制構築等

スクもかなりある。

　オペレーショナル・リスクというのは事務ミスによる損害が出るリスクである。更にシステミック・リスクというのは、これは正にリーマン・ショックのときに話題になった連鎖倒産リスクである。それから、ヒューマン・リスク、これが一番厄介なリスクだと思われるが、人間が原因となるリスクである。更に、システムITリスクである。システムがダウンしたとか、もしくはそのシステムに内蔵してあったデリバティブのシミュレーションモデルが間違っていたとか、もし発生すれば、とんでもない事件になってしまうリスクである。こうした様々なリスクがあり、それぞれに対処法はあるものの、いずれも完璧ではなく、リスクを減らすことはできても、ゼロにはできない。

　また、デリバティブ取引では様々なリスク管理に要するコストが相応に大きく、高コスト体質に陥る傾向がある。このコスト自体もリスクと言えよう。何故なら、それだけ利益が減ってしまうからである。

　下記に、本節に出て来た幾つかの専門用語の解説を記しておく。

損切り（ロス・カット）ルール	為替取引やデリバティブ取引のディーラーごとの含み損が一定限度に達すると、強制的に反対売買（手仕舞い）を行い、損失拡大を防ぐルール。
ヘッジ取引	同条件の反対取引（カバー取引）を第三者と行うか、または時価評価額の変化に相関関係の有る別の金融取引による機動的なヘッジを行う。
清算集中	OTC取引で成約したデリバティブ取引を中央清算機関（例：日本証券クリアリング機構、LCH、Eurex等）に譲渡して事実上の上場取引化すること。中央清算機関（Central Counterparty、略してCCP）とは、証券取引所、先物取引所、商品先物取引所等と類似の組織であり、その清算会員や利用者は取引残高に応じた証拠金（担保）を差し入れる義務あり。
ヒューマン・リスク	①職員による不正取引、不祥事の発生するリスク ②専門技術を特定の職員が独占し、商品開発やリスク管理の核心部分がブラックボックス化するリスク ③専門技術者が処遇の良い他社に引き抜かれるリスク

　まず損切り（ロス・カット）ルールは市場リスクのヘッジ手段である。為替取引にしてもデリバティブ取引にしても、相場を使ってディーラー（トレーダー）が取引を行っている。相場の予測は、たとえ最新のシステムを用いても完全な予測は困難であり、相場による取引は一種の博打であるため、もし負けが込んでくると、頭に血が上り、意地になって更に取引をしようとするのはディーラーの習性である。それをクールな目で見ている第三者がどこかで止めさせなければならない。従って、ディーラーごとに、「貴方は1億円まで」とか、「貴方は2億円まで」とか、予め許容される負けつまり損の限度を決めておいて、ディーラーのパフォーマンスを上司が見張っていて、発生した損が限度に達したら、「もう止めろ」と命令して、有無を言わず取引を止めさせて、その代わりに反対売買による手仕舞いをさせる。ストップをかけないと損が無限に膨らんでいくので、損切り（ロス・カット）ルールを定めて、ディーラーのパフォーマンスを常にモニタリングする訳である。

　ヘッジ取引とは、当該取引において相場変動によって発生した損を減らすために別の取引を行うことである。例えば、図表1－5のような金

利スワップ取引における反対取引（別名カバー取引）が典型例である。A銀行がB銀行と成約した金利スワップ取引と取引金額、取引期間、取引条件が全く同じだが、金利受払のサイドが逆の金利スワップ取引をB銀行がC銀行と行い、完全に左右対称なスキームにしておけば、B銀行としては、両サイドの含み損益が常に相殺するので、相場が上がっても下がっても損は出ず、逆に益も出ない。この方法をフルカバー（back to back）によるヘッジと呼ぶ。

図表1－5　金利スワップ取引のフルカバーの事例

　上記のフルカバー以外にも、相場変動において相関関係が有る別の財物の取引で損を減らす方法がある。例えば、日本の金利と国債の価格は一般に連動しているので、金利が上がれば国債価格は下がり、金利が下がれば国債価格は上がる。その相関関係を利用すれば、例えば、あるデリバティブ取引で金利が上がれば損が膨らむという状況であれば、先に国債を売っておけば良い。国債を高い価格で売っておいて、金利が上がって国債の価格が下がった時点で買い戻せば、国債の売買で儲かるため、金利が上がってデリバティブ取引で損をしても、その損を打ち消すことができる。たとえ金利と国債価格の変化率が完全には一致しなくても、ある程度の相関関係が有れば、それを使ってヘッジする訳であり、かかるヘッジ取引は日常的に行われている。但し、その相関関係のシミュレーションが崩れた場合は怖い。

　清算集中とは、システミック・リスク（連鎖倒産リスク）を防ぐために、取引当事者が相対で成約したデリバティブ取引を中央清算機関（Central Counterparty、略してCCP）と呼ばれる取引所に譲渡して、事実上、上場取引化することである。中央清算機関に取引当事者が証拠金（担保）を積んでおけば、もし倒産が起こっても証拠金で何とか損失

をカバーできるので、そうした仕組みを最近作っている。

　最後に最も厄介なヒューマン・リスクを説明する。ヒューマン・リスクとは、例えば、社員が簿外取引で不正な取引を行うとか、もしくは会社のお金を盗むといった個人的な犯罪が起こるリスクである。もっと恐ろしいのは、デリバティブの世界はブラックボックスなので、社員が5万人ぐらいいる会社でも、その商品のメカニズムの一番深い所を知っているのは僅か数人しかいない。そうなると、その直属の上司（課長）もそのメカニズムを分かっていない。当然のことだが、もっと上の人（部長、役員）も分かる訳がない。末端のエンジニアや実務担当者しか知らないケースが現実に有り得る。

　本当は有ってはいけないことだが、そうは言っても、専門技術があまりにも難し過ぎて、そういうことが往々にして有るので、末端の社員が自分しか知らないことをいいことに、何か悪事を働いてもチェックが効かないという恐れも有る。これがヒューマン・リスクの一番怖いところである。あるいは、その社員が給料が安いので怒って会社を辞めてしまうとか、他の会社から「うちに来いよ」とヘッドハンティングされることも想定される。そうなると、もし専門技術を分かっているのがその社員だけだった場合、その会社では専門技術が分からなくなってしまう、というリスクも有る。

　これについては、社員の処遇を改善するのに加えて、不正防止のために社員の電話やEメールをチェックする等、若干、人権無視かもしれないが、そのような荒っぽいチェックをしないとなかなか防げないので、その意味で、デリバティブで一番怖いのはヒューマン・リスクだと思われる。

5　日本における法整備と契約書インフラ整備

　本節では、日本におけるデリバティブに関する法務インフラ整備の歴史を話す。1990年代前半のデリバティブの草創期に筆者もその世界に

居たが、当時の日本は米国に比べて相当遅れており、デリバティブの法務インフラが無かったのである。その中で特に大きな課題だったのはデリバティブ取引の合法化だった。当時、デリバティブが合法ではないという問題があったのである。2つ目の問題は後述するが、ネッティングという技術があり、その法的有効性が日本で確認できなかった問題があった。

(1) デリバティブ取引の合法化

　デリバティブの合法化はかなり深刻な問題だった。1984年に外国為替取引の実需原則が撤廃され、外貨ディーリングが解禁された。実需原則とは、貿易為替取引つまり商社やメーカーが輸出入代金の決済のために外貨を売買する取引が実際にあり、そのために必要な外貨を売買するのは可とするが、外貨そのものを対象にしたディーリングは不可というルールであった。1984年に当時の大蔵省が実需原則を撤廃してくれたお陰で外貨ディーリングが解禁となり、邦銀各行はディーリングルームを作り、為替の売買を始めた。その時点で、日本においても既にデリバティブは登場していたが、デリバティブは外国為替取引の応用取引であり、やや怪しい取引のため、許可にはならなかった。その結果、デリバティブは法的にグレーな取引とされ（銀行の正当業務として正式に解禁されず）、賭博罪該当のリスクがあった。

　賭博とは偶然の結果によって金を儲けることであり、デリバティブは正に賭博罪の構成要件に当たる。賭博罪における「偶然」とは、結果を経験則や数理ファイナンスによってある程度予想できるとしても、偶然性を完全に排除できなければ、あくまでも「偶然」とみなされてしまう。従って、1990年代半ばには、突如、警察がディーリングルームに踏み込んで来て、全員御用となり、賭博の常習犯として捕まるリスクを真面目に議論していた。

　ちなみに、「犯罪」の定義は次のようになっている。犯罪とは「構成要件に該当し、違法で、有責な行為」である。構成要件、違法性、有責

性のいずれか一つでも該当しなければ、その行為は犯罪に該当しない。構成要件については、デリバティブは完全に賭博に該当しており、逃れようがない。有責性については、銀行に勤めている人で有責性が無い、すなわち責任能力が無いような人は居ないと思われる。何故ならば、心神を喪失していて責任能力が無い人を雇用しないからだ。従って、有責性も逃れようがない。そうなると、違法性阻却で逃げるしかない。つまり、デリバティブが正当業務だと認められれば、違法性が阻却されるので、犯罪すなわち賭博罪に該当しない。

もし当該行為の正当業務性が認められれば、違法性が阻却され、「犯罪」に該当しない。例えば、医者が手術の際に患者の腹をメスで切っても傷害罪にならず、ボクシングの選手が試合中に相手の顔を殴っても暴行罪にならないのは、それが仕事であり、正当業務だからだ。従って、デリバティブが銀行の正当業務として認められれば、銀行員がデリバティブを行っても賭博罪には該当しない。当時は、今日では想像もできない話だが、上記を真面目に議論していた。そこで、「デリバティブを正当業務と認めてください。」と、当時の金融当局にロビイングを一生懸命行っていた。

(2) ネッティング（Netting）の立法措置

1990年代前半、デリバティブ取引の与信残高圧縮やBIS自己資本規制上のリスク資産削減の目的で、含み益と含み損のネットを許容するネッティングの法的有効性の確立が急務とされていた。

ネッティングの考え方は次のようなものである。下図を用いて説明を行う。

	含み損益	グロス計上	ネット計上
取引1	▲5（含み損5）	ゼロとみなす	▲5（含み損5）
取引2	3（含み益3）	3（含み益3）	3（含み益3）
取引3	2（含み益2）	2（含み益2）	2（含み益2）
取引3件の合計		5（含み益5）	ゼロ

取引が1、2、3と3つあり、それぞれ時価評価によって含み損益が出ている。取引1が含み損の5で、取引2が含み益の3で、取引3が含み益の2である。かかる状況であれば、ネット計上すると、マイナス5と3と2を足してゼロになる。ところが、グロス計上すると、このマイナス5はゼロとみなすため、3と2が残って5になってしまう。ゼロと5では大違いである。

　これは何を意味するか。つまり取引に含み益が出ているということは、取引相手に対する与信つまり取引相手の倒産による未回収リスク（いわゆる与信残高）が発生している訳である。逆に、含み損の場合は、取引相手が倒産してもしなくても、当方は取引の解約清算時に含み損相当の金を支払う立場（いわゆる受信）であるため、それが予定の行動であり、受信を損とは考えない。そのため、グロス計上の場合には、含み損はゼロとみなし、リスク無しとして、含み益の取引だけに与信残高が有ると考える訳である。他方で、ネット計上（ネッティング）の場合には、含み益と含み損を合算して与信残高を算出することになる。

　グロス計上では含み損を含み益から差引きしないため、与信残高の累積によって貸出限度枠がすぐにフルになってしまい、また、銀行にとっては命の次に大事な自己資本比率も、ネッティングができないとリスク資産がどんどん膨らんでいくので、下がってしまう。これは大きな問題であり、ネッティングができないと困る訳である。

　しかし、当時の日本には、法令上、相殺はあっても、ネッティングという概念は無かった。相殺は1個の債権と1個の債務の合算だが、ネッティングは複数の債権・債務の合算であり、異なる概念である。両者は似て非なるものであり、「複数個の相殺を束ねれば、ネッティングとなる」「古来より商慣習で行ってきた交互計算や預金と貸金を纏めて決済する当座預金取引は正にネッティングである」等のロジックを用いてネッティングを有効とする解釈論では限界があったので、結局、立法措置が必要となった。

　上記（1）と（2）の背景があり、1990年代、大手都市銀行を中心に
金融監督当局（当時の大蔵省）に対してデリバティブ取引の合法化とネッ
ティングの立法措置についてロビイングを開始した。しかし、当局はなか
なか動いてくれなかった。何故ならば、1992年にバブル経済が崩壊し、
更に1990年代後半には、山一証券、北海道拓殖銀行、日本長期信用銀
行が次々と倒産する等、バブル崩壊に伴う不良債権の累積による金融危
機の時期だったからだ。当時は、その対応で政治家も官僚も忙しかった
ため、デリバティブは後回しになっていた。

　とは言え、死活問題であるため、一生懸命にロビイングを行った。ネッ
ティングの立法措置については、東京大学名誉教授の新堂幸司氏の論文
も活用した。同論文は、1971年の相殺に関する最高裁判例を基にして、
複数個の相殺を束ねることによってネッティングの法的有効性を証明す
るロジックであった。大手都市銀行が主催し、新堂氏に同論文の作成を
依頼したのは、東大法学部出身の大蔵官僚にネッティングの立法措置へ
の関心を持ってもらうべく、彼らの恩師である新堂氏を担ぎ出したとい
う政治的工作だったと伝えられている。そうした努力が実って、1998
年10月、ちょうど日本長期信用銀行の倒産直前の時期だったが、臨時
国会の会期末直前の土壇場で、デリバティブを合法化する法案（銀行法
改正等）とネッティングを有効とする法案（一括清算法の制定）が可決
された。それで漸く晴れてデリバティブが合法化（賭博罪該当リスクが
解消）され、ネッティングも法的に有効になったという歴史があった訳
である。

（3）契約書インフラ整備

　上記の法令整備が行われていたのと同じ頃、契約書のインフラも整備
されつつあった。「International Swaps and Derivatives Association,
Inc.」、日本語では国際スワップ・デリバティブ協会、略してISDA（イ
スダ）という団体が、1985年にニューヨークで設立された。ISDAは今
日では、世界中の金融機関等の約1,000社が加盟している大きな業界団

体であり、東京にもその支部が在る。そのISDAが1987年に最初のデリバティブ取引の英文基本契約書様式（雛形）を制定した。同様式は、ISDAマスター契約と呼ばれ、その後、1992年と2002年に改訂が行われたが、今日では、それが世界標準となっている。そのため、デリバティブの基本契約書は、米国、英国、豪州等の英語圏に限らず、ドイツ、フランス、スペイン、イタリア、ロシア等の非英語圏、更に日本においても、原則として、英文である。但し、日本国内の事業法人、特に中小企業と英語の契約書を締結するのは難しいので、日本国内の事業法人との取引では、本邦金融機関が独自（非ISDA様式）の日本語の契約書を制定して使用している。

ISDAマスター契約の締結交渉は決して楽ではない。その様式はあっても、契約文言を当事者間の交渉によって変更しても構わないため、その締結交渉に何ヵ月も掛かる、かなり骨の折れる仕事である。その仕事に筆者は長年携わっている。

上記の法務インフラ整備の結果、1998年を境目に、日本におけるデリバティブ取引は草創期から発展期に突入し、2008年のリーマン・ショックまで成長を続けた。

■6 デリバティブ取引の事件史

(1) 草創期における巨額損失事件

デリバティブのインフラ整備が進む中、下記のとおり、草創期には世界各国で金融取引における大事件が発生している。

1994年12月	米国カリフォルニア州オレンジ郡の財政破綻事件（抵当証券、債券取引）
1995年2月	ベアリングス銀行の倒産事件（日経225先物取引）
1995年7月	大和銀行ニューヨーク支店の巨額損失事件（米国債取引）
1996年6月	住友商事の巨額損失事件（銅先物取引）

　これらの事件はいずれも、ディーラーの不正取引（簿外取引等）やリスク管理の不備（フロント・バックの牽制体制の未確立）が主たる原因である。しかも、問題となった取引は債券取引、株式指数取引、商品先物取引等であり、典型的なデリバティブ取引ではない。しかし、世間では「デリバティブ取引での巨額損失事故」等と言われ、デリバティブ取引のイメージが悪化したことも事実である。

　デリバティブの草分けの時代に発生した巨額損失事件で有名なものとしては、例えば、1994年の米国カリフォルニア州のオレンジ郡という裕福な人達が多く住んでいる町で、同郡の収入役が集めた税金を債券投資で運用していて失敗し、郡の財政が破綻したという事件があった。1995年には、ベアリングス銀行という英国の名門銀行が、ディーラーによる不正取引（簿外での株式指数取引）が原因で倒産した。また同年には、大和銀行ニューヨーク支店で米国債の売買取引において、社内監査が甘かったために10年以上も不正取引が発覚せず、最後に開けてびっくり、1,000億円も損していたという事件があった。更に1996年には住友商事で銅の先物取引での巨額損失事件もあった。

　それらの事件の発生時に、マスコミは「デリバティブで巨額損失」と報道したが、債券の現物売買、商品先物等は昔からあった市場取引であり、金利スワップ、通貨オプション等の典型的なデリバティブでの事件ではない。しかも、それらの事件の原因は社内のチェックが甘かったことに在り、前述のロス・カットルール等を守っていれば、事件は防げた筈である。簿外取引を見抜けなかった等の、社内の人為的なチェック漏れが原因であり、デリバティブ自体が原因ではなかったのである。しかし、マスコミがデリバティブを悪者にする論調で報道すれば、新聞が売れ、視聴率が上がると思ったのか、ちょうど当局にデリバティブの立法措置を要請していた時にかかる報道があったため、デリバティブのイメージが悪くなるので、筆者も戦々恐々とした記憶がある。

(2) 日本におけるデリバティブ取引の顧客販売での事故・トラブル

　上記の世界に衝撃を与えた大事件以外にも、日本でも20世紀末から21世紀初頭にかけて、金融機関と顧客とのデリバティブ取引において下記のような巨額損失事件やトラブル等が発生している。

1998年	ヤクルトの巨額損失事件
2008年	慶応義塾大学、駒澤大学等の巨額損失事件
2000年代	為替デリバティブや投資信託によるトラブル

　具体的には、ヤクルトでの1,000億円の巨額損失事件、後述する2008年のリーマン・ショックの影響で幾つかの大学が資産運用で大損した事件、小口販売における為替デリバティブ（通貨オプション等）や投資信託（広義のデリバティブに含まれる）で損をして銀行を提訴した事件等が発生している。

　それらの事件については、デリバティブの本質的なリスクが原因だという指摘は完全には否定できない。しかし、事件の中身を見ていくと、主たる原因は、販売時の商品内容の説明不足と自己責任原則の不徹底に在り、必ずしもデリバティブそのものが原因ではないような気がする。販売時に金融機関の職員が商品内容を十分に説明していなかった、顧客が商品内容を正しく理解していなかった、あくまでも自己責任で取引しているにも拘らず、損害の発生後にクレームしてきたといった事象はコンプライアンス上の問題であり、デリバティブ自体の問題ではないと思われる。

　しかし、上記の事件等が契機となり、デリバティブ取引の販売時における、金融機関による顧客への説明義務の徹底および優越的地位濫用の禁止、他方で顧客の自己責任原則がクローズアップされ、加えて斡旋、調停、仲裁といったADR（裁判外紛争解決手続／Alternative Dispute Resolution）が普及することとなった。

(3) リーマン・ショック

　2008年に遂にデリバティブ史上最大かつ最悪の事件が発生する。そ

れがリーマン・ブラザーズの経営破綻とそれに伴う世界規模での連鎖倒産である。その一連の出来事をリーマン・ショックと俗に呼んでいる。リーマン・ショックは正に100年に1回の出来事であり、一生に1回あるかどうかの話であり、再びあっては困るものである。2008年9月15日、米国の大手証券会社リーマン・ブラザーズが倒産し、裁判所にChapter 11（チャプター・イレブン）と呼ばれる米国の破産手続の申請を行った。そのため、筆者も2週間くらいタクシー帰りが続き、毎日、午前2時、3時まで会社に残って解約清算手続を行う羽目となった。それは本当に大変だった。

　リーマン・ブラザーズの倒産は確かに大変だったのだが、実はその陰で倒産しなかったものの、もし倒産していたら空前絶後の世界大恐慌になったかもしれない話があり、それが米国大手保険会社AIG（アメリカン・インターナショナル・グループ）であった。AIGについては、米国政府が約9兆円の公的資金をつぎ込んで救済したが、もしAIGが倒産していたら、恐らく未曾有の連鎖倒産が発生していただろう。

　その理由としてサブプライムローンを原資産とするCDS（詳細は後述）が挙げられる。サブプライムローンとは、2000年代前半に、当時の米国政府が貧しい人達も住宅を購入できるようにするべく景気刺激策を行った結果、低所得の人達が住宅購入のために借りた住宅ローンのことである。その際に銀行やローン会社は貸出を増やしたが、信用が低い人達向けのローンであるため、金利が高めだった。そのため、その住宅ローン債権を持っていれば高利回りだということで、それが投資の対象となっていった。いわゆる米国の住宅バブルの到来であった。そこで、サブプライムローンの住宅ローン債権を加工して抵当証券を作り、それを投資家に転売したのである。銀行やローン会社としても、顧客が低所得層であり、デフォルトするリスクがあるので、たとえ利回りが高くても、いつまでも保有していたくないため、転売する形でローン債権の「飛ばし」を行った訳である。但し、その「飛ばし」の際にも、やはりデフォルトのリスクは怖いため、投資家は上記の抵当証券を簡単に買わないだ

ろうと考え、それにクレジット・デフォルト・スワップ（略してCDS）というデリバティブを付けたのである。

　このCDSとは一種の保証である。つまり、抵当証券や社債等の金融資産を持っている投資家にとっては、もしその発行会社が倒産すれば、その金融資産は暴落して価値が無くなる。しかし、CDSは、その価値が暴落した金融資産をその原価で買い取る（または当該金融資産の時価の目減り分を現金で補償する）ことを約束し、その対価としてプレミアム（保証料）を受け取る取引である。正に保証と同じ経済効果である。サブプライムローンという、デフォルトのリスクは高いけれども利回りが良いという債権をパッケージした抵当証券にCDSを付けて、「保証が付いていますから大丈夫です」と言って売りさばいた訳である。

　その結果、世界中の投資家がその抵当証券を購入したため、サブプライムローンのデフォルトが全世界に広がっていったのである。また、同抵当証券を購入した投資家も他の投資家に転売すれば儲かる、早く手放したいと考えて、転売、転売して、その転売の連鎖がつながっていって、その鎖の最後の行き着き場がAIGだったのだ。従って、もしAIGが最後に支払えなかったら、ドミノ倒しのように全部倒れて、正にシステミック・リスクで世界中に倒産の嵐が吹き荒れる筈だったのである。

　しかも、CDSは保証と同じ経済効果を有するので、本来は被保証債務の金額と同じ額の実需しかない筈だが、プレミアム（保証料）を受け取る権利自体がディーリングの対象となり、CDS単体の売買が増えていった。正に株の空売りと同じである。株の空売りでは、特定の銘柄の株式を、その現物が手元に無いにも拘らず、先に売って後から買い戻す訳だから、市場に出回っている同銘柄の株式の金額以上の空売りはできない。しかし、デリバティブには、当時、そのような規制が無かったので、保証の対象になる抵当証券の発行額の何十倍、何百倍ものCDSを売買して、転売して儲けようとするマネーゲームが始まっていたのである。その転売、転売の行き着く所がAIGだった訳であり、もしAIGが倒産していたら、世界大恐慌になっていたことだろう。

　だからこそ、米国政府が約9兆円もの公的資金をつぎ込んでAIGを救済したことは、ある意味で正解だったと思われる。但し、AIGはその公的資金を米国政府から借りた訳であり、きちんと返済しており、決して無償ではない点は正しく理解されるべきである。

　リーマン・ショックを契機に、米国でウォール街への批判が殺到し、"too big to fail（大き過ぎて潰せない）"の見直し、CDSを始めとするデリバティブ取引への規制強化が始まった。米国ではちょうどその2008年で共和党のブッシュ・ジュニア大統領の時代が終わり、次の民主党のバラク・オバマ大統領になり、デリバティブを厳しく取り締まろうということで締め付けが始まり、その動きが全世界に波及していった。その結果、デリバティブは「冬の時代」を迎えることになった。

7　デリバティブ取引の規制強化

　リーマン・ショックを契機としてデリバティブ取引に関する様々な規制が強化された。主な規制は下記のとおりである。

・フロントオフィスとバックオフィスの牽制機能強化：不正取引、簿外取引の防止。

・顧客への説明義務の徹底：詐欺的な営業の禁止、リスクの所在の認識と自己責任原則の周知徹底。

・本人確認の強化：米国同時多発テロ（2001年9月11日）を契機に強化。マネーローンダリングの防止。

・脱税摘発強化：米国人・米国企業の海外での取引の米国税務当局への報告義務化（FATCA）。

・取引報告義務：不正取引・事故防止のため、取引明細の監督官庁への提出を義務化。

・中央清算機関（CCP）への清算集中と担保の導入：事実上の上場化と有担保化。

デリバティブ取引の規制強化の結果、デリバティブ取引に担保を付ける義務、デリバティブ取引の取引明細を当局に報告する義務、脱税防止のための税務手続、本人確認義務といった様々な規制が導入された。そのため、ここ10年程の間に規制対応コストが急増した。規制強化が取引量の減少、取引の機動性の低下、市場の分断（規制の厳しい国と緩やかな国に市場が分断）を招き、ディーラーや営業担当者は苦しんでいるが、筆者のような法務・コンプライアンスを担当している者にとっては、逆に仕事が増えて雇用が安定するというメリットがある。また弁護士、コンサルタント、IT関連会社にとっても、規制強化によってビジネスチャンスが増えている。

　従って、規制強化は悪い話ばかりではない。正に「甲の損は乙の得」である。これまで想像もし得なかったタイプの規制が次々と登場し、それによって規制対応に伴うニュービジネスが登場するのも、デリバティブが派生取引であることの所以とも考えられるだろう。

8　デリバティブ取引のあるべき姿

　本章では、前述のとおり、デリバティブ取引の歴史的変遷等を振り返ってきたが、ここで、デリバティブ取引の今後について考察してみる。

　まずデリバティブは、リスクヘッジのために使っている分には、基本的には危ないものではないが、デリバティブで資産運用を行うとか、経済合理性に反する形で取引を行うと失敗する。その意味において、「良いデリバティブ」と「悪いデリバティブ」がある。自動車で喩えれば、安全運転と飲酒運転や暴走行為は全く別の概念である。いずれも自動車の運転という点では共通する行為だが、前者は合法だが後者は違法である。だが、飲酒運転や暴走行為の原因は運転者の人間性に在り、自動車の性能の問題ではない。つまり自動車が悪いのではなく、人間が悪い訳である。その点はデリバティブにおいても同じである。デリバティブは、そのユーザーがしっかりしていれば、そんなに危ないものではないと思われる。商品内容の説

明義務と自己責任原則については、デリバティブを売る方も買う方も、お互いに「大人の関係」で、もっと意識を高めて欲しいものである。

　それから、規制もただ厳しくすれば良いというものではない。昨今は、規制が厳し過ぎる。その結果、デリバティブに限らず、市場取引がどんどん沈滞化する傾向があり、加えて規制の緩やかな国に取引を移すといった脱法行為や市場の分断を招く恐れもあるので、規制強化はほどほどにするべきである。また、規制対応コスト、ITコスト、あるいは弁護士、会計士等の専門家に払う費用等、様々な経費が差引されて収益が減っている。但し、そういう問題があっても、やはり金融取引の重要な部品として、デリバティブは必須のものだから、その意味では、今後も何があっても、金融取引がある限り、デリバティブは無くならないだろう。デリバティブは永久に不滅だと、筆者は思っている。

─第2章─

デリバティブ取引の
基本契約書としての
ISDAマスター契約

1 ISDAとは？

　まずデリバティブ取引業者の世界規模の業界団体であるISDA（イスダと発音）について説明する。ISDAとは、正式名称「International Swaps and Derivatives Association, Inc.」の頭文字をとった略であり、日本語では国際スワップ・デリバティブ協会と呼ばれている。ISDAは1985年に設立され、その本部は米国ニューヨークに在り、日本にもその支部がある。

　デリバティブを取り扱う世界各国の約1,000社がISDAに加盟しており、その加盟組織には、銀行、証券会社、保険会社等の金融機関に加えて、大手事業法人（商社、メーカー）、短資会社（ブローカー）、情報ベンダー会社、法律事務所、会計事務所、システム会社等も含まれている。

　ISDAの主な業務はデリバティブ取引の契約書様式の制定であるが、その他にも、デリバティブの法務、税務、会計等のインフラ整備も行っている。近年では、デリバティブに対する規制強化に伴い、規制緩和のための金融監督当局へのロビイング活動も重要な業務となっている。

　上記の契約書様式がISDAマスター契約（ISDA Master Agreement）と呼ばれるものであり、既に広く普及し、世界標準となっている。ISDA設立以前にもデリバティブ取引は行われていたが、ISDAマスター契約が制定されるまでは、その契約書が各社ばらばらの異なる書式であったため、締結交渉が困難を極めていた。ISDAマスター契約の誕生によって、デリバティブの契約書業務の大幅な円滑化と効率化が実現した。

2 ISDAマスター契約の仕組み

　次に、ISDAマスター契約の特色や仕組みを説明しよう。まずISDAマスター契約には歴史的に3つの様式がある。具体的には「1987年版」「1992年版」「2002年版」の3様式である。各様式の対象取引の範囲、一

括解約・清算の方法は微妙に異なっている（後述）が、その基本的な仕組みはいずれの様式も同じである。

　以下でその仕組みを説明する。下図を参照されたい。

図表2－1　ISDAマスター契約の仕組み

　当事者Aと当事者BがISDAマスター契約を締結しており、それに基づいて「取引1」から「取引5」の取引を成約している。それらの取引を成約するたびに、取引条件を確認するためのコンファメーション（Confirmation）と呼ばれる取引確認書を交わす。つまり取引が5件あれば、コンファメーションも5件ある訳である。それらのコンファメーションは個々の取引ごとに作成され、物理的にはISDAマスター契約と別の冊子の契約書であるが、両者は単一の契約書（single agreement）を構成する仕組みとなっている。すなわち、全てのコンファメーションとISDAマスター契約は全体として1個の契約を構成している訳である。

　ISDAマスター契約とコンファメーションが単一契約書（single agreement）を構成するのは、下記の2つの理由からである。

①ISDAマスター契約のSection 6（e）所定の一括解約・一括清算を可能とする前提条件であるため

　単一契約書であることが、ISDAマスター契約を期限前解約する際の一括解約・一括清算を可能とする前提条件である。ISDAマスター契約に基づく複数個の取引を期限前解約し、その時価評価額を合算して最終的な清算額を算出するには、全ての既存取引を一括処理できる必要があり、個々の取引がバラバラの状態では一括処理ができないからである。

②管財人によるチェリー・ピッキングを阻止するため

　チェリー・ピッキングとは、法律用語では、「双務契約における管財

人による未履行債務の履行・解除選択権」の意である。より簡単に説明しよう。管財人の職務は、倒産した会社の残余財産をかき集めて債権者に公平に分配することである。そのため、破産法や会社更生法に基づき、管財人は職権で、倒産した会社の未履行の取引（債務）について、その履行または解除を選択できる。管財人は、その選択に際して、通常、倒産した会社にとって含み益が出ている取引のみを履行し、含み損の出ている取引は解除する。かかる管財人の選択を俗にチェリー・ピッキングと呼ぶ訳である。

　しかし、チェリー・ピッキングは、倒産した会社の取引相手（債権者）にとっては大きなデメリットとなる。何故ならば、同取引相手にとって含み損が出ている取引だけが履行され、含み益の出ている取引が解除されてしまうからである。

　従って、チェリー・ピッキングを阻止するためには、単一契約書でなければならないのだ。つまり、ISDAマスター契約に基づく全ての取引が1個の契約つまり単一契約書であれば、管財人がチェリー・ピッキングしようが無くなる訳である。

❸　ISDAマスター契約の構成

　ISDAマスター契約は本文部分（Printed Form）とスケジュール部分（Schedule）で構成されている。本文部分は標準書式であり、その条文がSection 1からSection 14まである。スケジュール部分は特約記入欄であり、その記入欄がPart 1からPart 5（またはPart 6）まである。

　2002年版ISDAマスター契約様式の1頁目から28頁目まで（1992年版ISDAマスター契約様式では1頁目から18頁目まで）が本文部分である。この本文部分は、その文言を一切変更できない。それに対して29頁（1992年版ISDAマスター契約様式では19頁）以降がスケジュール部分である。スケジュール部分は特約記入欄であり、ここに様々な必要事項を記入する。スケジュール部分は本文部分の条文に対する選択規定であり、いわ

ばシステム用語で言うところのユーザーオプションのようなものである。従って、特定の条文について、それを適用するか否か、適応する場合にその強弱をどのようにつけるか等を、スケジュール部分で記入する訳である。

その結果、取引相手ごとに契約条件が変わることになり、取引先の数だけ契約条件の異なるISDAマスター契約ができる仕組みになっている。

④ 別冊の定義集の存在

ISDAマスター契約には、別冊のブックレットになっている定義集（Definitions）がある。デリバティブ取引には様々な専門用語が登場するため、かかる専門用語の意味を掲載したのが別冊の定義集である。定義集が存在するお蔭で、ISDAマスター契約自体は比較的少ない頁数に留まっている。ちなみに、ISDAマスター契約が制定される以前は、前述のとおり、各社が独自の契約書様式を使用していたが、かかる独自の契約書には定義集が無く、専門用語の定義を契約書自体に掲載していたため、契約書が100頁を超える分厚いものとなり、極めて不便であった。かかる反省点がISDAによる別冊の定義集の制定につながったのである。但し、ISDA制定の定義集は30種類以上あるので、それらを読んで理解するのはかなり大変である。

ISDA制定の定義集には一般定義集と専門定義集がある。一般定義集とは、金利系デリバティブ取引を中心に全般的に使用する専門用語の定義集である。その代表例は「2006 ISDA Definitions」「2021 ISDA Interest Rate Derivatives Definitions」等である。他方で、専門定義集とは、特定の種類のデリバティブ取引で使用する専門用語の定義集である。その代表例は1998 FX and Currency Option Definitions等である。なお、もし一般定義集と専門定義集が同一の取引に適用されている場合に、両定義集の規定が矛盾抵触すれば、専門定義集が優先適用される。

5 本文部分の概要

　前述のとおり、ISDAマスター契約の本文部分にはSection 1から
Section 14までの計14個の条文が規定されている。その内訳は下記一覧
表のとおりである。その詳細は第3章で後述するが、本文部分で極めて
重要な条文はSection 5とSection 6である。その理由は、Section 5と
Section 6はデフォルト発生等に伴う期限前解約と清算に関する規定で
あり、正にISDAマスター契約の核心部分であるからだ。

図表2－2　ISDAマスター契約の本文部分

条文番号	表題	規定内容
Section 1	Interpretation	文言解釈の優先順位、単一契約書を規定
Section 2	Obligations	債務履行方法、差金決済、Gross-Up等を規定
Section 3	Representations	表明規定
Section 4	Agreements	合意事項に関する規定（コベナンツ）
Section 5	Events of Default and Termination Events	期限前解約事由を規定
Section 6	Early Termination；Close-Out Netting	期限前解約・清算の方法を規定
Section 7	Transfer	無断譲渡の禁止を規定
Section 8	Contractual Currency	契約通貨を規定
Section 9	Miscellaneous	条件変更、正本の作成、遅延利息等を規定
Section 10	Offices；Multibranch Parties	マルチブランチ契約を規定
Section 11	Expenses	一括解約・清算に要した費用の補償規定
Section 12	Notices	通知手段に関する規定
Section 13	Governing Law and Jurisdiction	準拠法、裁判管轄等に関する規定
Section 14	Definitions	専門用語の定義

6 スケジュール部分の概要

　前述のとおり、ISDAマスター契約のスケジュール部分は特約記入欄であり、その内訳は下記一覧表のとおり、Part 1からPart 5（またはPart 6）に分かれている。ISDA制定のスケジュール様式の原文では、Part 5までしかないが、実務上は、最後にPart 6を追加するのが通例である。Part 6とは、ISDAマスター契約の対象取引にデリバティブ取引に加えて為替取引や通貨オプション取引等も含める場合に、為替・通貨オプション取引専用の規定として追加するものである。

図表2－3　ISDAマスター契約のスケジュール部分

条文番号	表題	規定内容
Schedule Part 1	Termination Provisions	期限前解約に関する選択規定
Schedule Part 2	Tax Representations	租税表明規定
Schedule Part 3	Agreement to Deliver Documents	交付書類に関する規定
Schedule Part 4	Miscellaneous	通知連絡先、マルチブランチ、準拠法等の雑則に関する選択規定
Schedule Part 5	Other Provisions	その他の条項（Schedule Part 1～4所定の記入事項以外の条項の追加が可能）
(Schedule Part 6)	(FX and Currency Option Transaction)	為替取引、通貨オプション取引を対象取引に含める場合に追加する規定

　スケジュール部分にある約50個の必要事項を全て記入しなくてはならず、それらを全部記入しないとISDAマスター契約は完成しない。但し、当方の好き勝手な内容を記入できる訳ではなく、記入内容は相手方との交渉（締結交渉）によって決める必要がある。従って、特定の項目の記入内容について、当方が「適用する」を希望しても、相手方が「適用しない」を希望する場合もあり、また双方とも「適用する」を希望していても、その適用の強弱に温度差が生じる場合もあり、もし締結交渉が難

航すれば、妥結までに多大な時間を要することになる。更に、相手方が外資系企業の場合には、締結交渉を英語で行うこととなり、その難しさが倍増する。通常、ISDAマスター契約を1件締結するのに最低でも3ヵ月を要するので、締結交渉が難航した場合には、1年から数年を要することも珍しくはない。

７ ISDAマスター契約の使用上の注意点

ここではISDAマスター契約の使用上の注意点について説明を行う。

①ISDAマスター契約は無期限の契約書であること

ISDAマスター契約は無期限で反復使用が可能な包括契約書である。従って、当該ISDAマスター契約に依拠する全ての取引が最終期日を迎えて取引残高がゼロになっても、当該ISDAマスター契約自体は自動的に失効しない。ちなみに、依拠する取引のコンファメーションは、当該取引の最終期日に失効する。ISDAマスター契約は正に永久に生き続ける訳である。従って、たとえ依拠する取引が全て最終期日を迎えても、当該ISDAマスター契約を廃棄してはならない。また、もしISDAマスター契約が不要となり解約する際には、当事者間で別途、解約のための合意書（Termination Agreement）を取り交わす必要がある。

②ISDA出版物の著作権と複製作成の可否

ISDAマスター契約を始めとするISDA出版物の著作権には要注意である。まずISDAマスター契約は英語版だけが正本とされている。英語版のみが正本として使用でき、署名締結することができる訳である。他の言語に翻訳した版は参考訳としては使えるが、契約書の正本としては認められない。そのため、ドイツ、フランス、イタリア、スペイン、ロシア等の非英語圏においても、日本においても、ISDAマスター契約は英語版のみを使用している。

また、ISDA出版物の複製（コピー）を作成することについては、かなり厳しい制約がある。ISDA出版物のうち、ISDAマスター契約（お

よび担保契約書）様式については、締結目的でのみ複製の作成が可能だ
が、その他の出版物（定義集やユーザーズ・ガイド等）はいかなる場合
も複製の作成は不可である。従って、ISDAマスター契約（および担保
契約書）様式も、セミナー（勉強会）やプレゼンテーションでの配布資
料として複製を作成することは不可となる。

　なお、上記の「複製」というのはコピー機によるコピーに留まらず、
PDF化することも含まれるので、注意が必要である。また、ISDAマス
ター契約書の本文部分（標準書式）をWORDフォーマット化して、本
文部分の文言に直接修正を加えることも厳禁とされている。文言の修正
はあくまでもスケジュール部分に修正規定を記入する形で行うのがルー
ルとされている。

⑧　ISDAマスター契約の対象取引

①ISDAマスター契約の対象取引の変遷
　ISDAマスター契約様式には、1987年版、1992年版、2002年版の3つ
の様式がある。歴史的な変遷があり、各様式における対象取引は下記の
ように異なる。

図表2－4

1987年版	原則、金利スワップ取引と通貨スワップ取引のみ。適宜、約款を追加すれば、金利キャップ取引、金利フロア取引、金利カラー取引、スワップション取引等も取引可能。
1992年版	全てのデリバティブ取引、為替取引・通貨オプション取引。但し、為替取引・通貨オプション取引の包含にはSchedule Part 6の追加が必要。
2002年版	全てのデリバティブ取引、為替取引・通貨オプション取引。但し、為替取引・通貨オプション取引の包含にはSchedule Part 6の追加が必要。

　1987年当時、デリバティブ取引とは金利スワップ取引と通貨スワッ
プ取引のみであったため、最初の1987年版の対象取引は金利スワップ

取引と通貨スワップ取引だけであった。事実、1987年版ISDAマスター契約の正式名称は文字どおり「ISDA 1987 Interest Rate and Currency Exchange Agreement」である。その後、金利キャップ取引やスワップション取引が登場し、ISDA制定の追加約款（1989 Cap Addendum、1990 Option Addendum）を1987年版様式に追加すれば、金利キャップ取引、金利フロア取引、金利カラー取引、スワップション取引も対象取引に含めることが可能となった。

　しかし、追加約款の継ぎ足しでは限界があるため、1992年版を制定することになり、その際に更に間口を広げて全てのデリバティブ取引と為替取引・通貨オプション取引を対象取引とすることが可能となった。その仕組みは次の2002年版様式にも引き継がれている。但し、為替取引、通貨オプション取引を1992年版様式や2002年版様式のISDAマスター契約の対象取引に含める場合には、俗に"Schedule Part 6"と呼ばれる為替取引・通貨オプション取引専用の規定を追加する必要がある。

②ISDAマスター契約の対象取引に含まれない取引

　ISDAマスター契約の対象取引にはほとんどの市場取引が含まれるが、対象取引に含まれない市場取引もある。具体的には、オンバランス取引である資金取引（コールマネー、コールローン等）、債券レポ取引、債券現物取引および取引所取引である金利先物取引、債券先物取引、通貨先物取引、商品先物取引等である。

　但し、最近の動きとして、2021年末のLIBOR廃止を契機に、ISDAが債券レポ取引や債券現先取引等をISDAマスター契約の対象取引に含めるプロジェクトを推進している。同プロジェクトは専用の約款を制定して、同約款のISDAマスター契約への追加によって対応するものである。しかし、債券レポ取引については別の業界団体（SIFMAとICMA）が専用の契約書様式（Global Master Repurchase Agreement）（改定新版 基本契約書編の第11章参照）を制定し、従前より同様式が世界標準となっているため、同様式との調整をどのように行うのかという問題があり、今後の動きが注視される。

—第3章—

ISDAマスター契約の
本文部分（Section 1 ～ 14）
の概略

本章では、ISDAマスター契約の本文部分の条文について、2002年版のISDAマスター契約様式に沿って説明を行う。

1 Section 1 Interpretation（解釈）

Section 1は正に文言の解釈について規定している。

> (a) 頭文字が大文字の文言はSection 14所定の定義に従う旨を規定。
> (b) 文言解釈の優先順位を規定。
> 各取引のコンファメーション＞スケジュール部分＞本文部分
> (c) 単一契約書である旨を規定。

まず (a) 項は、ISDAマスター契約に登場する専門用語の定義がSection 14に規定されている旨を定めている。なお、別冊のブックレットの定義集に規定されているのはコンファメーションに登場する専門用語であるため、Section 14と定義集が重複・矛盾することは無い。

説明の順番が前後するが、(c) 項には、ISDAマスター契約（本文部分とスケジュール部分）と全ての取引のコンファメーションが全体として1個の契約つまり単一契約書を構成する旨が規定されている。

(b) 項には、単一契約書を構成する3つの部分すなわち本文部分、スケジュール部分、各取引のコンファメーションの間で、同じ単語の意味が相違する等の矛盾（inconsistency）が発生した場合には、各取引のコンファメーションが最優先される旨が規定されている。これは、法律において、特別法が一般法よりも優先適用されるのと同じロジックである（第5章の1の (1)、(2) 参照）。

2 Section 2 Obligations（債務）

Section 2では債務（obligations）について規定しており、ISDAマス

ター契約に基づく金利スワップ取引等における債務の履行方法を定めている。

(a) 債務の履行方法：同（iii）号所定の債務の履行留保権は、債務履行の前提条件の反対解釈により導き出される。

(b) 決済口座の変更：支払日の5営業日前までの通知による決済口座変更が可能。

(c) 差金決済：同一支払日かつ同一通貨の支払間の差金決済を同一取引において許容。Schedule Part 4 (i) でMultiple Transaction Payment Nettingを適用すれば、複数取引間での差金決済が可能となる。

(d) Gross-Up義務：源泉徴収税による控除のGross-Up義務を規定（免除規定あり）。

（a）項には、個々の取引の債務履行はそのコンファメーション記載の取引条件に従って行う旨が規定されており、その（iii）号に債務の履行留保権が規定されている。債務の履行留保権は民法の同時履行の抗弁権と同様のものである。

デリバティブ取引の多くは双務契約である。例えば、金利スワップ取引では、固定金利と変動金利を交換するので、当方が固定金利を支払い、相手方が変動金利を支払い、同じ日に受払を行う。もし相手方が支払わなければ、対抗措置として当方は支払を留保できるという訳である。逆に言えば、相手方による債務履行を前提条件（condition precedent）として当方は債務履行を行うという趣旨である。

（a）項（iii）号所定の債務の履行留保権は2008年のリーマン・ブラザーズ倒産の際に注目された規定である。同規定を根拠にして、リーマン・ブラザーズが支払わないので当方も支払を留保するケースが頻繁に見られた。

（b）項は決済口座の変更について、支払日の最低5営業日前までであれば通知で決済口座が変更できる旨の規定である。

（c）項は、特定の取引において、同一支払日かつ同一通貨の支払の場合に、差金決済（ペイメント・ネッティング）が可能である旨を規定している。例えば、円の金利スワップ取引であれば、円の固定金利と円の変動金利を同じ日に交換するので、その資金決済をグロスベースではなく、ネットベースで行う方がデリバリー・リスクは減る。そのため、差金決済を認める訳である。

更に（c）項の但し書きには、「Schedule Part 4（i）所定のMultiple Transaction Payment Nettingで、その適用を選択すれば、Section 3（c）所定の差金決済を複数の取引に跨って行うことができる」旨が規定されている。しかし、第4章の**4**の（9）で後述するとおり、それを適用するには専用の決済システムを必要とするため、通常は不適用を選択する。

（d）項は、源泉徴収税の発生時のGross-Up（グロスアップ）に関する規定である。

クロスボーダー（国境を超える形）でのデリバティブ取引を行うと、当該取引の金利支払等に源泉徴収税が課税されることが稀にある。源泉徴収税が課税されると、金利支払の一部が税金として差し引かれる（いわゆる税額控除が行われる）。かかる場合には、当該金利支払の支払当事者は税額控除分を上乗せ払いして、受取当事者が当初予定していた満額で金利支払を受け取れるようにする義務を負う。それをGross-Up義務と呼ぶ。（d）項は支払当事者のGross-Up義務を規定しているが、その免責規定も規定されており、受取当事者に税務手続上のミスがあると、そのペナルティとしてGross-Up義務が無くなる。

3 Section 3 Representations（表明）

Section 3は、取引を始めるにあたって重大な問題が起こっていないことを相互に確認し合う規定である。ここで言う「重大な問題」とは、

もしそれが発生していれば、絶対に取引を始めないと思われる程の大きな問題と一般に考えられている。但し、Section 3の表明の内容は、下記のとおり、ごく常識的な事項ばかりである。

(a) 基本的な表明：法的な地位、権能、法令違反の無いこと、法的有効性等の表明

(b) 特定事由の不発生：期限の利益喪失事由（Event of Default）等の不発生の表明

(c) 訴訟の不存在：本契約等の法的有効性に悪影響を与える訴訟の不存在の表明

(d) 指定情報の正確性：Schedule Part 3（b）で本条項を適用した書類の正確性に関する表明

(e)＆(f) 租税表明：(e) 支払人の租税表明と (f) 受取人の租税表明／誤表明に対する罰則規定なし。

(g) 代理人でないこと：本人確認のための表明

(a) 項は基本的な事項に関する表明であり、具体的には、当事者の法的な地位や権能、法令違反をしていないこと、締結するISDAマスター契約の法的有効性等に関するものである。権能というのは難しい言葉だが、企業や法人の行為能力のことであり、定款の目的の範囲でISDAマスター契約が締結できるという行為能力を確認する規定である。

(b) 項では、期限の利益喪失事由（Event of Default）等すなわちデフォルト（債務不履行）が発生していないことを表明する。

(c) 項は訴訟の不存在の表明であり、ISDAマスター契約の法的有効性に悪影響を与えるような裁判が提起されていないことを確認するものである。従って、本表明に該当する訴訟とはISDAマスター契約に係るものだけであり、例えば、当事者が元社員から不当解雇について訴えられているといった訴訟は対象外である。

(d) 項では、Schedule Part 3（b）で本条項を適用した、相手方に交

付する書類の記載内容が正しいことを表明する。

　(e) 項と (f) 項は租税に関する表明である。(e) 項が支払人の租税表明であり、(f) 項が受取人の租税表明であるが、いずれもその詳細はSchedule Part 2に記載する。

　(g) 項は本人確認のための表明であり、Schedule Part 4 (l) でその表明を選択する。

　なお、Section 3で注意するべき点は、(a) 項から (g) 項まで全ての表明事項が再表明の対象であることだ。すなわちISDAマスター契約の締結時だけに表明内容が正しければよいのではなく、その後も、取引成約する度に再表明したとみなされるので、ISDAマスター契約の締結後も表明と実態が合致していなければならない。もし表明違反（誤表明）が発生すれば、(e) 項と (f) 項を除いて、Section 5 (a) (iv) 所定のMisrepresentation（誤表明）によるEvent of Default（期限の利益喪失事由）に該当する。(e) 項と (f) 項の租税表明については、表明を間違えても、Section 5 (a) (iv) に該当しないが、別途、Gross-Upが行われなくなる等の税務上の罰則がある。

４　Section 4 Agreements（合意／コベナンツ）

　Section 4は一種のコベナンツ（誓約条項）であり、下記の一覧表のとおり、当事者が取引を継続していく上で必要なアクションを行うことを約束する規定である。取引継続を阻害する不都合な事態の不存在を確認するSection 3は守りの規定であり、取引継続に必要なアクションを約束するSection 4は攻めの規定と言えるだろう。

(a) 一定の情報の提供：取引のコンファメーションの作成、租税文
　　書の作成提出等
(b) 許認可の維持：営業免許の維持等

(c) 法令遵守：適用される法令の遵守

(d) 租税に関する約束：受取人の租税表明の誤りの相手方への通知

(e) 印紙税の納付：対象取引に為替取引が含まれる場合に印紙4,000円を貼付

　Section 4の中で特に重要なのは (e) 項の印紙税の納付である。「ISDAマスター契約に印紙を貼る必要はあるのか?」という論争が30年以上続いており、まだ結論が出ていない。「ISDAマスター契約は印紙税法の別表所定のいずれの文書に該当するのか?」と国税庁に照会すると、「ISDAマスター契約に"Schedule Part 6"の規定を追加して、その対象取引に為替取引や通貨オプション取引を含めている場合には、印紙税法の別表所定の第7号文書に該当し、4,000円の印紙を貼る必要がある。」旨の回答が（書面ではなく）口頭で返って来るのが通例である。

　第7号文章とは「継続的取引の基本となる契約書」であり、正にISDAマスター契約のような基本契約書のことである。その点は何となく理解できるのだが、何故、為替取引・通貨オプション取引が対象取引に含まれる場合に限り第7号文書に該当するのかは不明確である。しかも、上記の回答は国税庁のホームページにも掲示されておらず、市場関係者への周知徹底はされていない。そのため、国税庁に上記を照会に行った会社だけが4,000円の印紙を貼付し、照会に行っていない会社は貼付していないという不徹底な状態で今日に至っているのが現状である。

5　Section 5 Events of Default and Termination Events（期限の利益喪失事由と終了事由）

　Section 5は非常に重要な条文である。表題はEvents of Default and Termination Events（期限の利益喪失事由と終了事由）であり、正に

支払遅延、破産、不可抗力、源泉課税等の期限前解約事由に関する規定
である。

(a) Section 5 (a) Events of Default（期限の利益喪失事由）

・債務不履行、破産等、その発生当事者（Defaulting Party）に直
　接的な責任の有る事由。

・事由発生後、直ちに解約手続が可能となる。

・期限前解約の対象は、当該ISDAマスター契約に基づく全ての取
　引。

(i) Failure to Pay or Deliver：支払(payment)または引渡(delivery)
の不履行

(ii) Breach of Agreement；
　　Repudiation of Agreement：約束違反と約束の否認（上記（i）
以外の不履行）

(iii) Credit Support Default：信用保証（保証や担保提供）に関す
る債務不履行

(iv) Misrepresentation：誤った表明

(v) Default Under Specified Transaction：指定取引におけるデフォ
ルト

(vi) Cross-Default：クロス・デフォルト

(vii) Bankruptcy：破産（会社更生、民事再生、任意解散等の倒産
全般を含む）

(viii) Merger Without Assumption：債務承継の無い合併

(b) Section 5 (b) Termination Events（終了事由）

・不可抗力、源泉課税等、その発生当事者（Affected Party）に直
　接的な責任の無い事由。

・事由発生後、待機期間の満了、事由発生の通知の発信、事由回避
　のための譲渡の努力等を実施後、解約手続が可能となる。

・期限前解約の対象は、当該事由の発生した取引のみ（但し、
　Credit Event Upon Mergerの場合は、当該ISDAマスター契約
　に基づく全ての取引）。

(i) Illegality：違法事由

(ii) Force Majeure Event：不可抗力事由

(iii) Tax Event：課税事由

(iv) Tax Event Upon Merger：合併に伴う課税事由

(v) Credit Event Upon Merger：合併に伴う信用不安事由

(vi) Additional Termination Event：その他の終了事由

(c) Section 5（c）Hierarchy of Events（事由の序列）

・IllegalityまたはForce Majeure EventとEvent of Defaultが競合
　する場合等の調整規定。

・原則、IllegalityまたはForce Majeure Eventを優先適用。両者
　の競合時はIllegalityを優先適用。

(d) Section 5（d）Deferral of Payments and Deliveries During
　　Waiting Period（待機期間中の支払および引渡の繰延）

・IllegalityまたはForce Majeure Eventが発生・継続し、期限前
　解約権が認められるまでの待機期間（Waiting Period）における
　支払債務、引渡債務の弁済期の繰延を規定。

・但し、繰延の間の遅延利息は免除されない。

(e) Section 5（e）Inability of Head or Home Office to Perform
　　Obligations of Branch（本店が支店の債務を履行できないこと）

・IllegalityまたはForce Majeure Eventが当該支店のみならず、本
　店にも発生・継続している場合における、本店による当該債務の
　代位履行の不履行を免責する規定。

> ・但し、当該債務が信用保証債務の場合には、本店は免責されず。

　Section 5所定の期限前解約事由は、（a）項のEvents of Default（期限の利益喪失事由、以下EODと略記）と（b）項のTermination Events（終了事由、以下TEと略記）に分かれている。

　（a）項のEODは支払遅延や破産等の発生当事者（Defaulting Party）に責任を追及できる事象であり、（b）項のTEは不可抗力や源泉課税等といった、その発生当事者（Affected Party）に責任が無いにも拘らず取引の継続ができなくなる事象である。その差異が、EODとTEにおける期限前解約の方法の違いにも反映されている。

　EODはDefaulting Partyに責任があるので、事由発生後、直ちに解約手続が可能となり、かつ期限前解約の対象は、当該ISDAマスター契約に基づく全ての取引である。それに対して、TEはAffected Partyに責任が無いので、その解約方法は穏便な方法となる。具体的には、TEが発生しても直ちに解約を行う訳ではなく、しばらく様子見る待機期間（Waiting Period）、事由発生の相手方への通知義務、事由回避のための取引譲渡の努力義務があり、取引継続の努力を尽くした後に漸く解約の権利が認められる定めとなっている。また、TE発生による期限前解約の対象は、原則、事由が発生した取引だけである。但し、例外的に、TEのうちCredit Event Upon Merger（合併に伴う信用不安事由）については、当該ISDAマスター契約に基づく全ての取引が期限前解約の対象となる。

　まず（a）項のEODについて説明を行う。（a）項には計8つのEODがある。

　（i）はFailure to Pay or Deliverと言い、文字通り支払（payment）または引渡（delivery）の不履行である。但し、不履行についての催促後、1現地営業日の猶予期間があり、同猶予期間の満了後も不履行が未解消の場合に本事由に該当する。

（ii）はBreach of Agreement；Repudiation of Agreementすなわち約束違反と約束の否認（上記（i）以外の不履行）であり、金銭的な債務以外の、例えば、Section 4所定の約束を守らなかった場合である。但し、不履行についての催促後、30暦日の猶予期間があり、同猶予期間の満了後も不履行が未解消の場合に本事由に該当する。

（iii）のCredit Support Defaultは信用保証（保証や担保提供）に関する債務不履行であり、ISDAマスター契約に関して親会社が保証を行っている場合に当該保証の不履行がこれに該当する。

（iv）のMisrepresentationは、Section 3で前述の表明が誤っていた場合に本事由に該当する。但し、Section 3（e）と（f）の誤表明は本事由に該当しない。

（v）のDefault Under Specified Transactionは「指定取引におけるデフォルト」と呼ばれ、両当事者間の当該ISDAマスター契約以外の契約書に基づいて成約されたデリバティブ取引や為替取引等（それをSpecified Transaction（指定取引）と呼ぶ）におけるデフォルトが本事由に該当する（詳細は第4章の**1**の（2）、（4）で後述）。

（vi）のCross-Defaultは「クロス・デフォルト」と呼ばれ、両当事者間または他の第三者との金銭貸借取引（ローン取引、預金取引等）におけるデフォルトが本事由に該当する。なお、ローン取引、預金取引等はISDAマスター契約の対象取引には含まれないため、それらの取引が依拠する契約書は、当然、当該ISDAマスター契約とは別の契約書となる（詳細は第4章の**1**の（3）、（4）で後述）。

（vii）のBankruptcyは、その表題は「破産」であるが、破産だけではなく、会社更生、民事再生、任意解散等も含めた幅広い概念である。なお、（vii）の内訳の（1）、（3）、（4）、（5）、（6）、（8）の各事態については、Schedule Part 1（e）で適用（will apply）を選択していれば、当該事態の発生により自動的に期限前解約清算を行ったとみなすAutomatic Early Termination（自動的期限前終了）条項が規定されている（詳細は第4章の**1**の（6）で後述）。

（viii）のMerger Without Assumptionは「債務承継の無い合併」であり、当事者が第三者と合併した際に、合併後の新組織が旧組織の債務を承継しなかった場合が本事由に該当する。

次に（b）項のTEについて説明を行う。（b）項には計6つのTEがある。

（i）のIllegality（違法事由）は、当該取引が取引成約後に法令改正によって非合法化された場合である。かかる事態は滅多に無いが、過去には1997年のアジア通貨危機や1998年のロシア財政危機等のケースが挙げられる。危機により外為市場が混乱したので、現地金融当局の緊急措置として現地通貨の外貨との交換停止令が出された。外貨交換が停止されると、デリバティブ取引も為替取引もできなくなり、もし取引をすれば非合法となる。かかる非常時には本事由に該当する可能性がある。

なお、本事由には3現地営業日の待機期間（Waiting Period）があり、その間に事態が解消すれば、本事由による期限前解約権は発生しない。

（ii）のForce Majeure Event（不可抗力事由）は、戦争、テロ、自然災害、ストライキ等の不可抗力が原因で既存取引の債務が履行できなくなった場合である。なお、本事由には8現地営業日の待機期間（Waiting Period）があり、その間に事態が解消すれば、本事由による期限前解約権は発生しない。

（iii）のTax Event（課税事由）は、既存取引の金利支払に源泉徴収税が課税される場合である。

（iv）のTax Event Upon Merger（合併に伴う課税事由）は、当事者が第三者と合併し、消滅組織の資産を存続組織に譲渡する際に源泉徴収税が課税される場合である。

（v）のCredit Event Upon Merger（合併に伴う信用不安事由）は、当事者が第三者と合併し、合併の結果、その信用力が著しく低下した場合である（詳細は第4章の**1**の（5）で後述）。

（vi）のAdditional Termination Event（その他の終了事由、以下ATEと略記）は、上記（i）〜（v）の終了事由以外に独自の終了事由

を追加する際に、Schedule Part 1（g）でATEの適用とその具体的な内容を記入することができる規定である（詳細は第4章の**1**の（9）で後述）。

Section 5の（a）項、（b）項の後に（c）項、（d）項、（e）項という付随する規定がある。これらの規定は、Illegality（違法事由）とForce Majeure Event（不可抗力事由）が特異な事由であるため、その発生時の他の規定との調整規定である。

（c）項のHierarchy of Events（事由の序列）は、TEであるIllegality（違法事由）またはForce Majeure Event（不可抗力事由）が発生して債務履行が不可となり、その債務履行不可がEODにも該当し競合する場合に、EOD該当を免除してIllegalityやForce Majeure Eventを優先して適用する旨の調整規定である。なお、IllegalityとForce Majeure Eventが競合すれば、Illegalityを優先適用する。

（d）項のDeferral of Payments and Deliveries During Waiting Period（待機期間中の支払および引渡の繰延）は、IllegalityやForce Majeure Eventの発生時に取引の債務の履行期日が到来しても、同履行期日を延期することができる旨の規定である。但し、履行期日は延期されても、その遅延利息は免除にはならない。

（e）項のInability of Head or Home Office to Perform Obligations of Branch（本店が支店の債務を履行できないこと）は、IllegalityやForce Majeure Eventが当該取引を記帳している支店で発生し、当該支店で同取引の債務履行が不可の場合には、当然、本店が責任もって代理履行しなければならないが、本店にも同じようなIllegalityやForce Majeure Eventが発生した時には、本店において代理履行することを免除する旨の規定である。但し、当該債務が親会社の保証や担保等の信用保証債務の場合には、本店の代理履行の義務は免除されない。

6 Section 6 Early Termination ; Close-Out Netting（期限前解約；一括清算ネッティング）

Section 6には、下記一覧表のとおり、Section 5所定のEvent of Default（以下EOD）やTermination Event（以下TE）が発生し、それを引き金として行われる期限前解約・清算の方法が規定されている。

取引の期限前解約と清算（一括清算ネッティング）の方法を規定。

(a) Section 6 (a) Right to Terminate Following Event of Default（期限の利益喪失事由発生による解約権）…あくまでも権利であり、義務ではない。

・Section 5 (a) (vii) Bankruptcyの (1)、(3)、(4)、(5)、(6)、(8)の場合は、管財人のチェリー・ピッキングへの対抗措置として、自動的期限前終了（Automatic Early Termination）の適用／不適用をSchedule Part 1 (e) で選択可。

・それ以外の場合は、事由発生後20暦日以内の通知による解約。

・解約対象取引は当該ISDAマスター契約に基づく全ての取引。

(b) Section 6 (b) Right to Terminate Following Termination Event（終了事由発生による解約権）…あくまでも権利であり、義務ではない。

・待機期間（Waiting Period）の満了、事由回避のための譲渡等の努力の後、解約可能となる（それらの努力義務を満たさないと解約権は発生しない）。

・Illegality、Force Majeure Eventの場合には待機期間あり（前者：3現地営業日、後者：8現地営業日。待機期間が満了した場合に解約可能となる）。

・原則、事由発生取引のみを期限前解約（例外：Credit Event Upon Merger）。

(c) Section 6 (c) Effect of Designation（指定の効果）

Section 6 (a)、(b) に 基 づ く 期 限 前 終 了 日（Early Termination Date、以下ETD）の指定の効果としての (i) ETDの到来と (ii) ETD以降に履行期の到来する債務の未払金額（Unpaid Amounts）への組込み。

(d) Section 6 (d) Calculations；Payment Date（計算；支払日）

期限前終了金額（Early Termination Amount）の (i) 計算書の作成・交付と (ii) その支払日を規定。

(e) Section 6 (e) Payments on Early Termination（期限前終了時の支払）

　(i) 期限の利益喪失事由の場合の解約清算の方法

クローズアウト金額（Close-out Amount）に基づいて算定した残存期間部分の現在価値に双方の未払金額を加除して算出した期限前終了金額をFull Two Way Payments（以下FTW）で決済する（FTWの意味は本章の**7**で後述）。

　(ii) 終了事由の場合の解約清算の方法

　　(1) 事由発生当事者が1人（One Affected Party）の場合：

上記 (i) と同じ方法で期限前終了金額を算出し、FTWで決済を行う。

　　(2) 両当事者が事由発生当事者（Two Affected Parties）の場合（FTWの変形）：各当事者が算出した期限前終了金額のうち、大きい方の金額から小さい方の金額を差し引いた差額の半分を、大きい方の金額の当事者が小さい方の金額の当事者に支払い、痛み分けとする。

　(iii) 破産事由の場合の調整

自動的期限前終了（Automatic Early Termination）による解約清算の場合、契約上の期限前終了日（解約清算を行ったとみなされる日）と実際に解約清算を行った日との間で発生する不測の損害や利益を当事者間で調整する旨を規定。

　(iv) IllegalityやForce Majeure Eventの場合の調整

IllegalityやForce Majeure Eventの発生に伴う待機期間
における債務履行の繰延の結果、発生した遅延利息の解約
清算金への加算を規定。

（v）損害の事前見積り

Section 6（e）がカバーする損害には、制裁金や副次的な
損害は含まれない旨の確認規定。

（f）Section 6（f）Set-Off（相殺）

FTWによる解約清算の場合における、Non-defaulting Party
（or Non-affected Party）のDefaulting Party（or Affected
Party）に対するISDAマスター契約の解約清算金の支払債務
と他の契約書（ISDAマスター契約以外の契約書）に基づく受
取債権の相殺を認める規定。相殺のための通貨の転換や概算に
よる相殺を許容する規定および本相殺規定はいかなる担保権も
発生させない旨の確認規定もあり。

Section 6の（a）項と（b）項はSection 5の（a）項と（b）項にそれ
ぞれ関連しており、（a）項はEvent of Default（以下EODと略記）が発
生した時の解約の方法を、（b）項はTermination Event（以下TEと略記）
が発生した時の解約の方法を、それぞれ規定している。

ここで重要な点は、（a）項にも（b）項にもRight to Terminateと記
されているとおり、本規定はあくまでも「解約する権利」であって義務
ではないことである。この点は、実はリーマン・ブラザーズ倒産の際に
論争になった。リーマン・ブラザーズの倒産後、ISDAマスター契約の
解約清算を直ちに行わず、保留としていた組織が多かった。それらの組
織は既存取引の時価評価額が含み損であり、もし直ちに解約手続を行え
ばリーマン・ブラザーズに解約清算金を支払わなければならなかったた
め、しばらく様子を見て、相場の好転を待っていたのだ。つまり、
Section 6（a）の規定は解約する権利であり、義務ではないため、権利
を行使せずに保留することも可能と一般に解釈されていたのである。そ

の結果、リーマン・ブラザーズの倒産処理が遅々として進まず、最終的には管財人からの要請により、それらの組織も解約清算に応じたが、倒産処理に多大な時間が掛かってしまった。それを契機に、Section 6（a）の規定について、解約の権利なのか義務なのかの論争が沸き起こったのである。

　上記の論争は決着がつかないままで終息したが、今日でも、「解約する権利」と解釈する意見が主流である。例えば、その国・地域の経済に影響を及ぼす大手企業の倒産時には、連鎖倒産による混乱を回避するために、同社と取引している銀行が既存取引の解約清算を行わず、逆に、同社に救済融資を行い、同社の経営再建に協力する場合がある。つまり解約清算を行うか否かは銀行のビジネス判断であり、解約する義務がある訳ではない。その点を正しく理解しておく必要がある。

　Section 6（a）では、EOD発生後20暦日以内にDefaulting Partyに通知して期限前終了日を決めて一括解約を行うのが、原則となっている。但し、その例外として、Section 5（a）（vii）Bankruptcyの（1）、（3）、（4）、（5）、（6）、（8）の各事態に該当する場合には、自動的期限前終了（Automatic Early Termination、以下AETと略記）が認められている。Schedule Part 1（e）にAETの適用・不適用の選択記入欄があり（第4章の**1**の（6）参照）、そこで適用を記入していれば、上記のいずれかの事態が発生した場合には自動的に期限前解約清算を行ったとみなされる。これは管財人によるチェリー・ピッキング（第2章の**2**参照）への対抗措置である。管財人が任命されてチェリー・ピッキングが行われると、一括解約清算ができなくなるので、破産が起こった瞬間に（つまり管財人の任命される前に）自動的に解約清算を行ったとみなす訳である。

　なお、Section 6（a）所定のEOD発生に伴う期限前解約の対象は、当該ISDAマスター契約に依拠する全ての既存取引である。Defaulting Partyが経営破綻しているため、もしSection 6（a）に基づく解約権を行使するのであれば、既存取引の全部を解約することとなり、一部の既

存取引だけの解約は、契約上、認められない仕組みとなっている。もし部分的な解約を行いたい場合には、Section 6（a）所定の解約権を行使せず、両当事者間の協議による任意解約（合意解約）を行うしかないだろう。

　上記のSection 6（a）とは違い、Section 6（b）所定のTE発生に伴う期限前解約においては、TE発生後、直ちに解約を行うのではなく、かなりの時間的な余裕がある。
　例えば、IllegalityとForce Majeure Eventには待機期間（Waiting Period／前者では3現地営業日、後者では8現地営業日）があり、それが満了しなければ、解約権は認められない。また、事由回避のための譲渡等の努力義務も規定されており、その努力を尽くした後、漸く解約権が認められる。
　なお、Section 6（b）で期限前解約の対象となるのは、原則、当該TEが発生している取引のみであり、全ての取引を解約する訳ではない。但し、Section 5（b）（v）所定のCredit Event Upon Mergerだけがその例外であり、同事由が発生した場合には、全ての取引が期限前解約の対象となる。

　Section 6（c）は、期限前解約を行うために期限前終了日（Early Termination Date／期限前解約を行う日）を通知によって指定する効果を規定している。指定の結果、その日以降に支払期日が到来する取引についての支払債務は無くなり、それらの未履行の支払は未払金額（Unpaid Amounts）に組み込まれて一括清算される。

　Section 6（d）には、期限前終了金額（Early Termination Amount）の計算書の作成、同計算書の相手方への交付義務、解約清算金の支払日が規定されている。

　Section 6（e）は極めて重要な規定である。本規定は、期限前解約時の解約清算金の算出方法とその支払方法を定めている。その（i）号はEvent of Default（期限の利益喪失事由、以下EOD）の場合の解約清算の方法であり、その（ii）号はTermination Event（終了事由、以下TE）の場合の解約清算の方法である。

　EODの場合の解約清算の方法を定める（i）号では、クローズアウト金額（Close-out Amount）と呼ばれる算出方法により解約清算金を算出し、未払金額（Unpaid Amounts）を合算して、期限前終了金額（Early Termination Amount）を計算して、それをFull Two Way Payments（以下FTW）という支払方法で決済する（FTWの意味は本章の**7**で後述）。

　それに対して、TEの場合の解約清算の方法を定める（ii）号では、解約清算金をクローズアウト金額によって算出する点は（i）号と同じだが、Affected Party（事由発生当事者）が1人の場合と2人の場合に区分けされて期限前終了金額の算出方法が規定されている。その理由を説明する。EODは両当事者の一方がデフォルトする事態であり、Defaulting Party（期限の利益喪失当事者）とNon-defaulting Party（非期限の利益喪失当事者）が対峙する構図のみである。しかし、TEは、その性質上、一方当事者だけにTEが発生する場合も両当事者にTEが発生する場合も有り得る。例えば、同一国内での取引の場合、戦争や自然災害等がその国で発生すると、両当事者にForce Majeure Event（不可抗力事由）が発生し、両当事者がAffected Partyになってしまう。かかる場合を想定して、One Affected Partyの場合とTwo Affected Partiesの場合に区分けして規定している訳である。

　まずAffected Partyが1人の場合には、（i）号所定のEODの場合の解約清算と同じ方法となる。すなわち、（i）号の規定のDefaulting PartyをAffected Partyに、Non-defaulting PartyをNon-affected Partyに、それぞれ読み替えれば良い。この場合も支払方法はFTWとなる。

　それに対して、Affected Partyが2人の場合は、支払方法はFTWであるが、解約清算金の算出方法がやや変則的となり、各当事者が個別に

クローズアウト金額で算出した解約清算金額を折半した金額（中間値）に未払金額を合算して期限前終了金額を算出する。より実務的には、各当事者が算出した解約清算金のうちの大きい方の金額から小さい方の金額を差し引いた差の半分を、大きい金額の方の当事者が小さい金額の方の当事者に支払うことによって折半を行う旨が規定されている。

　具体例を用いて説明しよう。例えば、当事者Aと当事者Bの両方がAffected Partyであり、当事者Aが算出した解約清算金額が50で、当事者Bが算出した解約清算金額が30である場合（両当事者間に未払金額は無いものと仮定する）、その中間値は（50+30）÷2で40であり、40が期限前終了金額となる。そのため、当事者Aは当事者Bに50から30を差し引いた差額20の半分である10を支払う。その結果、両当事者ともに期限前終了金額は中間値の40となり、正に「痛み分け」の形となる。

　（iii）号はSection 5（a）（vii）の破産事由（Bankruptcy）の場合の調整規定である。破産事由の場合、自動的期限前終了（Automatic Early Termination、以下AET）の適用があり、AETによって管財人のチェリー・ピッキングに対抗できるメリットはあるものの、契約上の期限前終了日（AETによる解約清算を行ったとみなされる日）から実際に解約清算を行った日までの間に相場変動による不測の損害（逆に利益が出る場合もある）が発生するデメリットがある。本規定は、かかる不測の損害や利益を当事者間で調整するための規定である。なお、「調整」とは、Non-defaulting Partyが被った不測の損害をDefaulting Partyが補償し、逆にNon-defaulting Partyに不測の利益が発生すれば、それをDefaulting Partyに支払うことを意味する。

　2008年9月15日にリーマン・ブラザーズが経営破綻し、破産届を裁判所に提出した。その日は、米国では営業日だったが、日本では祝日（敬老の日）であり、市場は閉まっていた。そのため、日本の金融機関は9月15日当日中には期限前解約等の手続は何もできなかった。しかし、リーマン・ブラザーズとの既存ISDAマスター契約でAETの適用を選

択していた場合には、AETに基づき、契約書上は同日付で期限前解約
清算を実行したものとみなされてしまった。しかし、それはあくまでも、
チェリー・ピッキングに対抗するための便宜上の「みなし解約清算」に
過ぎず、実務上は、その後日に実際の解約清算手続を行う必要がある。
翌営業日の9月16日に日本の市場が開いてから、遡及日（back date）
となる9月15日の相場での期限前解約清算を行おうとしても、そもそも
論として、9月15日が祝日で市場が閉まっていたため、その相場が無く、
物理的に不可能である。もし仮に9月15日が営業日であったとしても、
通常、過去の相場の全てをリアルタイムで記録には残していないため、
実務上、遡及日の相場での時価評価や解約清算は極めて困難である。し
かも、リーマン・ブラザーズとの既存取引が数百件から数千件もあれば、
解約清算手続が1日で終わらない恐れもある。となれば、AETによる「み
なし解約清算」を行ったのは9月15日だが、実際に解約清算を行ったの
は9月16日または9月16日と17日の2日間というケースも起こり得る訳
である。事実、史実はその通りとなり、中には解約清算に1週間以上を
要したケースや、故意に解約清算を遅らせて、その間に相場が好転する
のを待っていたケースもあったようである。かかるケースにおいて、「み
なし解約清算」を行った日（9月15日）と実際に解約清算手続を行った
日までの間に相場が動いて予期せぬ損害や利益が発生する可能性があり、
かかる損害や利益を当事者間で調整するのが本規定である。

　（iv）号は、IllegalityやForce Majeure Eventの発生に伴う待機期間
における債務履行の繰延（延期）の結果、発生した遅延利息の解約清算
金への加算を規定している。

　（v）号は、Section 6（e）がカバーする損害には、制裁金や副次的な
損害は含まれない旨の確認規定である。つまり、損害には純粋に経済的
な損失だけを計上し、デフォルトした当事者に対する社会的制裁として
の罰金は含めず、かつ同デフォルトの結果、連鎖反応で別の損害が発生
した場合等の副次的な損害を含めない旨を確認する規定である。

次のSection 6（f）Set-Offは相殺規定である。本規定はいわゆる約定相殺であり、民法上の相殺は法定相殺であるが、両者は競合矛盾せず、併存するものである。

本規定は、FTW（Full Two Way Payments）による解約清算の場合における、Non-defaulting Party（またはNon-affected Party）のDefaulting Party（またはAffected Party）に対するISDAマスター契約の解約清算金の支払債務と他の契約書（ISDAマスター契約以外の契約書）に基づく受取債権の相殺を認める規定である（本章の**7**、**9**参照）。

FTWの場合には、解約する取引の時価評価が自社にとって含み損であれば、相手方に解約清算金を払わなければならない。例えば、リーマン・ブラザーズ倒産の際に、もし自社に含み損が出ていれば、倒産したリーマン・ブラザーズに解約清算金を支払うことになる。かかる場合のISDAマスター契約の解約清算金の支払債務を削減するべく、もし相手方から他の取引で回収する債権があれば、それと相殺するのが本規定である。

本規定は約定相殺であり、民法上の法定相殺とは異なり、相殺のための通貨の転換や概算による相殺を許容する規定が含まれている。デリバティブ取引には複数の通貨を使用することや、時価評価によって解約清算金を算出することへの配慮である。概算による相殺の場合は、相殺後にその差額を当事者間で調整する訳である。

また、相殺には担保的な効果があるが、本規定はあくまでも相殺規定であり、いかなる担保権も発生させない旨の確認規定もある。

7 期限前終了金額の算出方法・支払方法

期限前終了金額（Early Termination Amount）は、解約される取引の残存期間部分の解約清算金と未払金額（Unpaid Amounts）の合算により算出されるが、ここでは未払金額を省略して、解約清算金の算出方法と支払方法を解説する。

図表3－1　算出方法

Market Quotation	1個の取引について、市場参加者より最低4個以上のクォーテーション（解約清算金の見積額）を取得し、その最大値と最小値を除いた平均値を算出する。
Loss	決定当事者（Non-defaulting Party or Non-affected Party）が誠意をもって合理的に（in good faith and reasonably）算出する。
Close-out Amount	決定当事者が商業的に合理的な方法で（in commercially reasonable method）算出する。但し、第三者によるクォーテーション等を参考にすることが可能。

図表3－2　支払方法

Limited Two Way Payments（LTW）=The First Method	Defaulting Partyの解約清算金（残存取引の現在価値）が含み損の場合には、Defaulting PartyがNon-defaulting Partyに解約清算金を支払うが、含み益の場合には、Non-defaulting Partyは解約清算金をDefaulting Partyに支払わない。
Full Two Way Payments（FTW）=The Second Method	いずれの当事者がDefaulting Partyであるかに拘らず、解約清算金が含み損の当事者が他方当事者に解約清算金を支払う。

　解約清算金の算出方法は、2002年版ISDAマスター契約ではClose-out Amountという方法が規定されているが、1987年版と1992年版ではMarket QuotationやLossという方法も規定されていた（本章の**8**参照）。

　Market Quotationとは、取引を期限前解約する際に取引1個について市場参加者（大手金融機関）から最低4個以上のクォーテーションを取得し、取得したクォーテーションの最大値と最小値を除いた平均値を当該取引の解約清算金とする方法である。クォーテーションというのは解約清算金の見積額であり、いわゆるインディケーションのことである。それに対してLossは、クォーテーションを取得する必要は無く、決定当事者（Non-defaulting Party or Non-affected Party）が自分自身で誠意をもって合理的に（in good faith and reasonably）算出すれば良いという方法である。

他方でClose-out Amountは、決定当事者が自分自身で商業的に合理的な方法で（in commercially reasonable method）計算すれば良いという方法である。但し、クォーテーションを参考値に取ることも可とされている。Close-out AmountはMarket QuotationとLossの良いとこ取りをした折衷的な方法である。しかし、実務上、LossとClose-out Amountは実質的に同じ概念と考えられている。何故ならば、「誠意を持って合意的に」と「商業的に合理的に」の違いが曖昧であるからだ。

　解約清算金の支払方法には、Limited Two Way Payments（別名The First Method、以下LTWと略記）とFull Two Way Payments（別名The Second Method、以下FTWと略記）がある。説明の便宜上、FTWを先に説明する。FTWとは、取引の時価評価額が当方にとって含み損であれば、相手方に解約清算金を払わなければならず、逆に含み益であれば解約清算金を受領できるという支払方法である。FTWでは、いずれの当事者がDefaulting Partyであるかは問われない。もしリーマン・ブラザーズ（以下LBと略記）との取引において、その時価評価額がLBにとって含み益であれば、たとえLBがDefaulting Partyであっても解約清算金を受領できる訳である。それに対して、LTWでは、Defaulting Partyは取引の時価評価額が含み損であれば解約清算金を相手方に支払う義務がある一方で、たとえ含み益であっても解約清算金は受領できない（つまり相手方はDefaulting Partyへの解約清算金の支払義務を負わない）。かかる不公平な支払方法がLTWである。

8　ISDAマスター契約の各様式の期限前終了金額の算出方法・支払方法

　本節では、前節と同様に、期限前終了金額の算出に必要となる解約清算金の算出方法と支払方法の歴史的な変遷を、下記の対比表を用いて解説する（本章の**7**参照）。

図表3－3

	1987年版	1992年版	2002年版
算出方法	Market Quotation	Market Quotation／Loss	Close-out Amount
支払方法	LTW	LTW／FTW	FTW
適用方法	選択不可（※）	選択可（※）	選択不可

（※）1987年版、1992年版では、Market Quotation不成立の場合には、代用手
段としてLossが適用される定めとなっている。

　ISDAマスター契約には1987年版、1992年版、2002年版の3つの様式
があるが、現在、実際に使用されているのは1992年版と2002年版だけで、
1987年版は、今日では新規締結で使用することは無い。但し、1990年
代の前半に締結した1987年版ISDAマスター契約が稀に残存している
ため、上記に掲載している。

　3つの様式は、解約清算金の算出方法、支払方法、適用方法が異なっ
ている。

　算出方法については、1987年版ではMarket Quotationだけであり、
選択の余地が無かった。それに対して、1992年版ではMarket
QuotationとLossのいずれかをScheduleで選択する形になっていた。
2002年版ではClose-out Amountだけとなり、こちらも選択の余地が無
い形となっている。

　これには歴史的な経緯がある。1987年版の制定された1980年代半ば
頃は、デリバティブの取引量が少なく、かつ期限前解約を行う倒産事例
も発生していなかった。そのため、Market Quotationという、取引1個
につき最低4個以上のクォーテーションを第三者から取得する非現実的
な方法が、市場公平価値（fair market value）が得られる適切な算出方
法だと考えられていた。ところが、1990年代に入ると、デリバティブ
の取引量が急増したこともあり、Market Quotationは物理的に機能し
ないのではないか？という疑問が出てきた。かかる情勢を反映して、
1992年版では、算出方法がMarket QuotationとLossの選択制とされた。

　2002年版の制定の際には、まだリーマン・ショック以前ではあったが、

既に欧米で幾つかの倒産事例が出てきており、Market Quotationによる算出は困難であるという意見が強くなり、Lossを改良したClose-out Amountに移行していった。

　一方で支払方法は、1987年版では選択の余地なくLTWとなっていた。当時、デフォルトすることは社会的な悪であるため、社会的制裁を加えるべきだという意見が強く、LTWが主流であった。しかし、次の1992年版ではLTWとFTWの選択制になっている。この背景にはBIS（国際決済銀行）の自己資本規制がある。1988年の第一次BIS規制において、BISが自己資本比率の計算におけるリスクアセットをネッティングして圧縮することを許容し、ネッティング導入の要件として、解約清算金の支払方法がFTWでなければならないと定めた。それを契機にFTWが脚光を浴び始め、2002年版では選択の余地なくFTWだけとされた。

⑨　一括清算ネッティングと相殺は全く異なる概念

　一括清算ネッティングと相殺はどちらも債権と債務をネットするため、同じようなものであると考える向きもあるが、実は法的には全く別の概念である。また歴史的な経緯もあり、同一視することの無いようにしたいものである。

　まず日本法上の根拠法令としては、一括清算ネッティングは一括清算法や破産法を根拠法令にしているが、相殺は民法の相殺規定を根拠法令としている。実行の態様においても、一括清算ネッティングでは複数個の債権と債務を合算するが、相殺ではあくまでも1個の債権と1個の債務をネットするのみである。そこに大きな違いがある。

　実行方法についても、一括清算ネッティングでは事前の通知は必須ではなく、自動的期限前終了（Automatic Early Termination）も可能とされる（本章の⑤、⑥、第4章の❶の（6）参照）が、相殺では、民法の規定上、実行には意思表示（通知）が必須とされており、その省略はできない。また相殺においては、その意思表示に条件や期限は付けられ

図表3-4　一括清算ネッティングと相殺

	一括清算ネッティング（Close-Out Netting）	相殺（Set-Off）
日本法上の根拠法令	一括清算法、破産法	民法の相殺規定
実行の態様	複数個の債権と債務をnet outして1個の債権または債務に置き換える。	1個の債権と1個の債務をnet outする。
実行方法	原則、事前の通知によって実行するが、通知無しの自動的期限前終了による実行も可能。	実行には意思表示（通知）が必須。意思表示に条件や期限を付すことは不可。従って、自動的期限前終了による実行は不可。
ISDAマスター契約の該当条文	Section 6（e）	Section 6（f）
対象となる債権・債務	ISDAマスター契約に基づく取引同士の現在価値の含み益（債権）と含み損（債務）	ISDAマスター契約の解約清算金の支払債務とその他の契約（ISDAマスター契約**以外**の契約）に基づく受取債権

ないため、自動的期限前終了のような実行方法は認められない。

　ISDAマスター契約の該当条文についても、一括清算ネッティングはSection 6（e）であるが、相殺はSection 6（f）である点も異なる。それと関連するが、対象となる債権・債務についても、一括清算ネッティングはISDAマスター契約に依拠する取引同士の現在価値の含み損益をネットするので、ISDAマスター契約だけで完結できるが、相殺はISDAマスター契約の解約清算金の支払債務とそれ以外の取引（ローン取引や預金取引等）における受取債権をネットするので、ISDAマスター契約と他の契約書が必要となる点が異なる。

　上記の点について、下記の2つの図で比較して説明を行う。図表3-5の一括清算ネッティングではISDAマスター契約しかなく、それに依拠する取引の含み損と含み益をネットして解約清算金の支払債務への転換を行う。図表3-6の相殺では、図表3-5で成立したISDAマスター

契約の解約清算金の支払債務と両当事者間の他の取引における受取債権をネットする。従って、前者はISDAマスター契約の内側で行うが、後者はその外側で行う点が実務上の最大の相違点である。

図表3－5　一括清算ネッティング

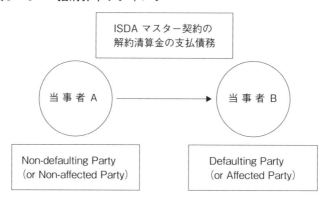

図表3－6　相殺

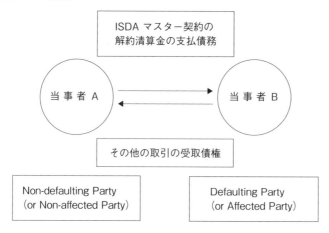

　実務上の相違点は以上のとおりだが、それ以上に異なるのは法的な概念である。約30年前の話だが、元々、日本には一括清算ネッティングという概念が無かったのである。強いて言えば、商人が行う交互計算や銀行の当座預金のような、商取引の債権・債務をまとめて清算する日本の商慣習が一括清算ネッティングに類似した概念ではあったが、クロス

ボーダーで複数の外貨を使用するデリバティブ取引を時価評価し、その含み損益をネットする一括清算ネッティングとは似て非なるものと考えざるを得なかった。

　そのため、1980年代後半に日本にデリバティブ取引とISDAマスター契約が導入された時から、既に市場関係者の間では日本法下での一括清算ネッティングの有効性が議論されていた。その法的有効性が確認されないと、自己資本比率の計算におけるリスクアセットのネッティングによる削減やISDAマスター契約の一括解約清算ができなくなり、業界全体にとって由々しき問題だったからである。しかし、外国の金融監督当局や外資系金融機関から「日本では一括清算ネッティングは法的に有効か？」と訊かれても、上記の交互計算や当座預金といった日本国内の商慣習だけでは明確な説明ができず、その法的有効性を証明できなかった。

　そこで、当初は民法の相殺規定を根拠にして、「相殺を複数個束ねれば一括清算ネッティングになる」という解釈論での説明を試みていた。しかし、相殺はあくまでも1個の債権と1個の債務のネットを想定しており、複数個の債権・債務の合算は相殺ではないとの反対意見が出た。加えて民法の相殺には必ず通知が必要であり、ISDAマスター契約所定の自動的期限前終了に対応できない問題もあった。そのため、上記の解釈論では上手く説明できなかった。その後、約10年間の論争の末、1998年に一括清算法という新しい法律を制定して、一括清算ネッティングという法的概念そのものを創設することで、漸く解決に至った次第である。

　かかる涙ぐましい努力の歴史があったことからも、一括清算ネッティングと相殺は全く別の概念であることを正しく理解していただければ幸いである。

⑩ Section 7 Transfer（無断譲渡の禁止）

　Section 7は、ISDAマスター契約やそれに依拠する取引の権利義務等

について、相手方当事者の事前の書面による同意の無い譲渡を禁止する規定である。但し、その例外として、(a) 合併時の消滅会社から存続会社への譲渡、(b) Non-defaulting Party の解約清算金の受取債権の譲渡については、相手方当事者の事前の書面による同意の無い譲渡を許容している。

例外規定の (a) は、例えば、当事者の一方が第三者と合併し新会社になるような場合に、消滅会社から存続会社に債権債務を譲渡するには、相手方当事者の事前の書面による同意が無くても構わないという趣旨である。

例外規定の (b) は、Non-defaulting Party（非期限の利益喪失当事者）の解約清算金の受取債権については、Defaulting Party（期限の利益喪失当事者）である相手方当事者の事前の書面による同意無しで第三者に譲渡しても構わないという趣旨である。これは正にリーマン・ブラザーズの倒産時に話題となったものである。事業再生ファンド（別名ハゲタカファンド）と呼ばれる会社は、ISDAマスター契約の解約清算金をリーマン・ブラザーズから受け取る債権をNon-defaulting Partyから同債権額よりも遥かに低い金額で買い取り、第三者により高い金額で転売する等していた。

かかる解約清算金の受取債権を企業再生ファンドに売却譲渡する際に、上記の例外規定の (b) が根拠とされ、Defaulting Partyであるリーマン・ブラザーズの事前の書面による同意無しで売却譲渡が行われたようである。

11 Section 8 Contractual Currency（契約通貨）

Section 8は、平時の支払や解約清算に用いる通貨および同通貨への転換時の為替差益・差損の調整に関する規定である。個々の取引の契約条件で定めた平時の支払に使用する通貨や期限前解約清算の際に使用す

る通貨が、何らかの事情により、支払や清算の際に使用不可となった場合に、他の通貨で支払や清算を行い、その結果として生じた為替差益や為替差損を当事者間で調整する旨の規定である。

12 Section 9 Miscellaneous（雑則）

Section 9には、下記一覧表のとおり、ISDAマスター契約やそれに依拠するコンファメーション（取引確認書）に関する雑則が規定されている。

(a) Entire Agreement:
本ISDAマスター契約は各当事者自身の意思決定により締結される旨の確認規定。
(b) Amendments:
アメンドメント契約書の締結によるISDAマスター契約の条件変更を規定。
(c) Survival of Obligations:
取引残高がゼロとなっても、ISDAマスター契約は存続する旨の確認規定。
(d) Remedies Cumulative:
ISDAマスター契約所定の規定は法令上の規定を排除しない旨の確認規定。
(e) Counterparts and Confirmations:
ISDAマスター契約とコンファメーションの正本の作成方法を規定。
(f) No Waiver of Rights:
ISDAマスター契約所定の権利の部分行使、行使遅延は権利の放棄とみなされない旨の確認規定。
(g) Headings:

各条項の表題は呼称に過ぎず、条文の解釈に影響を与えない旨の確認規定。

（h）Interest and Compensation:
　遅延利息の詳細を規定。

　（a）項は、各当事者のISDAマスター契約の締結意思を確認する規定である。

　（b）項は、ISDAマスター契約の契約条件の変更には両当事者の書面による合意（アメンドメント契約書の締結）が必要である旨を定めている。

　（c）項は、ISDAマスター契約は無期限の契約書であり、たとえ依拠する取引が全て最終期日を迎えて取引残高がゼロになっても、失効しない旨を確認している。

　（d）項の表題はRemedies Cumulative（累積的な権利）であり、ISDAマスター契約所定の規定は法令上の権利を排除しない旨の確認規定である。例えば、ISDAマスター契約のSection 6（f）に約定相殺としての相殺条項（Set-Off）が規定されているが、同条項は民法上の法定相殺を排除しない。

　（e）項は、ISDAマスター契約とそれに依拠するコンファメーションの正本の作成方法を規定している。ISDAマスター契約は根幹をなす重要な契約書であるため、デジタル化の進んだ今日においても、正本（ハードコピー）を作成して直筆のサインを行うのが市場慣行とされている。他方で、コンファメーションについては、1990年代後半から正本の作成が徐々に廃止され、現在では、ファクシミリ、Eメール（PDFを添付）、電子通信システム等でコンファメーションを取り交わすのが市場慣行であり、本規定がその根拠となっている（第5章の**2**の（4）参照）。

　（f）項は、ISDAマスター契約所定の権利や救済手段については、その部分的な行使や行使遅延が権利の放棄とはみなされない旨の確認規定である。

（g）項は、ISDAマスター契約の各条文の表題は呼称（ネーミング）に過ぎず、それ自体に意味は無く、条文の解釈には影響を与えない旨の確認規定である。

（h）項には、ISDAマスター契約やコンファメーションに基づく支払の遅延や繰延の際に適用される遅延利息の詳細な定義が規定されている。1992年版ISDAマスター契約所定（同様式のSection 2（e）所定）の遅延利息の定義と比べて大幅に詳細な規定となっている。

⓭ Section 10 Offices ; Multibranch Parties（マルチブランチ契約）

Section 10はマルチブランチ契約すなわち1個のISDAマスター契約で各当事者の複数の店舗の取引を包含できる仕組みを規定している。但し、マルチブランチ（取引可能店舗）の各支店はあくまでも取引を記帳する店舗に過ぎず、各支店が独立した法的な意味での契約主体ではなく、全ての取引の責任は本店（つまり当事者自身）に帰属する。なお、マルチブランチに指定できるのは、当該当事者の本支店のみであり、法人格の異なる関係会社（親会社、子会社等）は指定できない（第4章の**4**の（3）、（4）参照）。

⓮ Section 11 Expenses（費用）

Section 11は費用に関する規定である。ISDAマスター契約の期限前解約清算の際にDefaulting Partyは、Non-defaulting Partyが要した弁護士費用等を、請求があり次第、合理的な範囲で補償する旨が定められている。但し、平時のドキュメンテーションの費用（弁護士費用、印紙税、事務費用等）は、あくまでも当事者各自の負担となる。

⑮ Section 12 Notices（通知）

　Section 12（a）では、ISDAマスター契約に関する様々な通知について、その通知手段と通知の効力の発生時期を規定している。本規定では下記の6つの通知手段が定められている。

　（i）直接手渡し

　（ii）テレックス

　（iii）ファクシミリ（送信者に到着確認の義務あり）

　（iv）書留郵便

　（v）電子通信システム（SWIFT等）

　（vi）Eメール

　但し、テレックスは既に死文化している。テレックスは電報と同じく海底ケーブルを使った通信手段であったが、2005年にテレックスの会社が運用を停止したので、現在では使用されていない。ファクシミリは上記の通知手段に含まれているが、未着のリスクがあるため、送信の際には送信者の方が電話等で到着確認をする必要がある。

　なお、Section 5、Section 6に関する非常時の通知については、電子通信システムやEメールは使用不可とされている。それらの通知手段には受領確認が確実に得られないという問題があり、非常時の通知には不適切だからである。ファクシミリについては、2002年版ISDAマスター契約のSection 12（a）ではSection 5、Section 6に関する非常時の通知にも使用可とされているが、1992年版ISDAマスター契約のSection 12（a）では使用不可とされている。ファクシミリは既に古い通信手段となっており、しかも、未着のリスクもあるので、たとえ2002年版ISDAマスター契約に基づく場合であっても、非常時の通信手段としては使用しない方が無難である。

　Section 12（b）は地味な規定だが、意外に重要である。Schedule Part 4（a）に各当事者の住所連絡先を記入する欄（Addresses for

94

Notices）があるが、そこに記入している住所連絡先が事後的に変更された場合には、ISDAマスター契約をわざわざ条件変更（アメンドメント契約書の締結）する必要は無く、取引相手への変更通知の発信のみで住所連絡先の変更が可能である旨が本規定に定められている。会社の合併再編、組織変更、オフィスの移転の際に、アメンドメント契約書を締結せずとも、変更通知の発信だけで済ませることができ、事務省力化が図れる訳である。

🔟 Section 13 Governing Law and Jurisdiction（準拠法と裁判管轄）

Section 13では、下記のとおり、準拠法、裁判管轄、訴状送達受領代理人（Process Agent）、主権免責の放棄が規定されている。

(a) Governing Law: Schedule Part 4（h）で指定。ISDAマスター契約様式では、ニューヨーク州法と英国法の選択制となっているが、本邦企業間の取引では、通常、日本法を指定。なお、準拠法とは、契約書上の権利義務について適用される法律（契約準拠法）であり、破産、会社更生、民事再生等の倒産法、規制・税制に関する法律とは別のもの。

(b) Jurisdiction: ISDAマスター契約様式では、裁判管轄は、準拠法にニューヨーク州法を指定した場合にはニューヨークの裁判管轄、準拠法に英国法を指定した場合には英国の裁判管轄と規定されているが、本邦企業間の取引では、通常、東京地方裁判所の裁判管轄をSchedule Part 5で指定。

(c) Service of Process：相手方当事者（原告）からの訴状を当方（被告）の代理人として受領する訴状送達受領代理人（Process Agent）に関する規定。Schedule Part 4（b）でその設置（任命）が可能であるが、本邦企業間の取引では、通常、設置せず。

(d) Waiver of Immunities：国家、政府機関、国際機関等が他国の裁判権に服さない特権（主権免責）をISDAマスター契約に関して放棄する旨の規定。民間組織との取引には無関係の規定。

　Section 13（a）はGoverning Law（準拠法）を規定しており、準拠法はSchedule Part 4（h）で指定する。但し、ISDAマスター契約様式の制定が米国と英国の弁護士によって行われたことから、同様式の原文ではニューヨーク州法と英国法のいずれかを選択する仕組みとなっている。しかし、日本の企業同士でISDAマスター契約を締結する場合には、通常、日本法を準拠法に指定し、おそらくドイツの企業同士であればドイツ法を、フランスの企業同士であればフランス法を、それぞれ準拠法に指定することだろう。つまり英米法以外の法律を準拠法に指定することも可能である（第4章の**4**の（8）参照）。

　注意するべき点は、ここで言う準拠法はあくまでも契約準拠法であり、Schedule Part 4（h）でニューヨーク州法が指定されていれば、全ての適用法令がニューヨーク州法になる訳ではない点である。例えば、日本企業と米国企業がISDAマスター契約を締結し、その準拠法がニューヨーク州法であっても、必ずニューヨーク州法が適用されるとは限らない。日本企業が倒産した場合には、その倒産整理には日本の破産法や会社更生法が適用される。また、規制や税金も、日本国籍の会社であれば、日本の規制・税制が関ってくるので、準拠法がニューヨーク州法であるからといって日本の規制や税金を適用除外される訳ではない。その意味では、準拠法はあくまでもISDAマスター契約に依拠する取引の資金決済等の日常のオペレーションにおける適用法令つまり契約準拠法という位置づけと言える。

　Section 13（b）は裁判管轄を規定しており、ISDAマスター契約様式の原文では、ニューヨーク州法を準拠法に指定している場合にはニューヨークの裁判管轄となり、英国法を準拠法に指定している場合には英国

の裁判管轄となっている。しかし、それに従う必要は無く、日本企業同士であれば、東京地方裁判所の裁判管轄とする旨をSchedule Part 5に記入して本規定を修正するのが一般的である（第4章の**5**の（1）参照）。

Section 13（c）所定のService of Processは、別名Process Agent（訴状送達受領代理人）とも言い、訴状を被告に代わって受け取る代理人のことであり、Schedule Part 4（b）で指定することができる。しかし、通常、日本の企業同士ではProcess Agentは使用しないため、指定しないのが一般的である（第4章の**4**の（2）参照）。

Section 13（d）所定のWaiver of Immunitiesとは主権免責の放棄である。国家、政府機関、国際機関等には、他国の裁判権に服さないという主権免責が一般に認められている。取引相手が外国の政府機関や国際機関の場合には、もし主権免責を放棄してくれないと、ISDAマスター契約の期限前解約清算の際に取引相手に訴訟を拒否されてしまい、訴訟による救済が不可となってしまう。そのため、本規定は主権免責をISDAマスター契約についてだけ放棄する旨を定めている。なお、取引相手が民間組織の場合は、民間組織には主権免責は無いため、本規定は無関係である。

17 Section 14 Definitions（定義）

Section 14では、ISDAマスター契約に登場する専門用語（頭文字が大文字の単語）の定義を規定している。その詳細の解説は割愛する。

—第4章—

ISDAマスター契約の Schedule部分（Part 1 ～ Part 6） の記入方法

本章では、2002年版ISDAマスター契約様式に沿って、スケジュール部分（Schedule）の記入方法について解説を行う。

　スケジュール部分は特約記入欄であり、本文部分の条文のuser optionである。スケジュール部分への必要事項の記入によって、ISDAマスター契約が完成する。従って、スケジュール中の全ての記入欄に記入する必要がある。

　例えば、特定の記入欄について「該当なし」の場合には、ブランクのまま残すのではなく、「None」または「Not Applicable」と記入して、記入欄を全部埋めなければならない。記入欄への記入事項は相手方当事者と交渉して決めていかねばならないため、かなりの手間と時間を要する。

　スケジュール部分にはSchedule Part 1からPart 5またはPart 6まであるが、期限前解約に関するuser optionであるPart 1（第3章の**5**、**6**、**7**、**8**参照）が最も重要なパーツである。

1　Schedule Part 1 の記入方法

（1）Part 1（a）Specified Entity（指定組織）

　Part 1（a）では、各当事者の関係会社等を下記の計4個の期限前解約事由について「指定組織（Specified Entity）」として記入することができる。但し、「できる」であり、「しなければならない」ではない。

・Section 5（a）（v）Default Under Specified Transaction（指定取引におけるデフォルト）

・Section 5（a）（vi）Cross-Default（クロス・デフォルト）

・Section 5（a）（vii）Bankruptcy（破産）

・Section 5（b）（v）Credit Event Upon Merger（合併に伴う信用不安事由）

　上記のいずれかの事由について指定組織を記入すると、当事者本人に何ら異常が無くても、指定組織に当該事由が発生すると、ISDAマスター契約の解約事由となる。

　金融機関は商業銀行を中核として証券会社や信託銀行等の関連会社を
グループ企業とした金融コングロマリットを形成しているので、中心核
である商業銀行とISDAマスター契約を締結する際に、その関連会社で
ある証券会社や信託銀行を指定組織に指定しておけば、取引している商
業銀行に問題が無くても、関連会社に問題が起きれば、同ISDAマスター
契約を期限前解約できる。

　但し、実務上は、両当事者とも指定組織を指定せず、各事由について、
Not Applicable（指定せず）と記入するのが一般的である。

(2) Part 1 (b) Specified Transaction（指定取引）

　Part 1 (b) はSection 5 (a) (v) のDefault Under Specified
Transaction（指定取引におけるデフォルト）に関する選択規定である。

　Default Under Specified Transactionとは、図表4－1の①に記載の
とおり、当事者Aと当事者BがISDAマスター契約を締結して取引を
行っており、かつAB間に別の契約書が有り、それに依拠して行ってい
る取引を「指定取引（Specified Transaction）」と呼ぶが、かかる指定
取引におけるデフォルトを当該ISDAマスター契約の期限前解約事由と
するEvent of Defaultである。金融機関と事業会社との間では、金利ス
ワップ取引はISDAマスター契約に依拠して取引しているが、為替取引
は和文の契約書に依拠して取引しているケースが時々ある。かかるケー
スの為替取引が指定取引に該当する。

　Part 1 (b) では、上記の指定取引の定義を記入する。但し、特に指
定が無ければ、Section 14所定の「指定取引」の定義「あらゆる種類の
デリバティブ取引（為替取引・通貨オプション取引を含む）および債券
レポ取引」の意味となる。通常、Section 14所定の定義に従う。

図表4－1

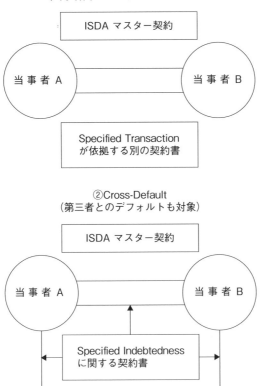

①Default Under Specified Transaction
（当事者間のデフォルトのみを対象）

ISDA マスター契約

当事者 A　　　　　　　　　　当事者 B

Specified Transaction
が依拠する別の契約書

②Cross-Default
（第三者とのデフォルトも対象）

ISDA マスター契約

当事者 A　　　　　　　　　　当事者 B

Specified Indebtedness
に関する契約書

他の第三者　　　　　　　　　　他の第三者

（3）Part 1（c）Cross-Default（クロス・デフォルト）

　Part 1（c）は Section 5（a）（vi）の Cross-Default（クロス・デフォルト）に関する選択規定である。

　Cross-Default とは、図表4－1の②に記載のとおり、当事者Aと当事者BがISDAマスター契約を締結してデリバティブ取引を行っており、かつAB間または各当事者と第三者との間に別の契約書が有り、それに依拠して「指定債務（Specified Indebtedness）」に関する取引を行って

いる場合に、指定債務において発生したデフォルトを当該ISDAマスター契約の期限前解約事由とするEvent of Defaultである。ここでいう指定債務とは、具体的には預金取引やローン取引等の金銭消費貸借取引における債務を指す。ISDAマスター契約では、預金取引やローン取引をその対象取引とすることができないため、別の契約に依拠せざるを得ない訳である。

Cross-Defaultの厳しいところは、当事者間の取引だけではなく、第三者との金銭消費貸借取引もその適用対象に含める点である。例えば、当事者Bについて、AB間のデリバティブ取引では何も異常が無くても、当事者Bが第三者と行っている預金取引やローン取引でデフォルトした場合に、当事者Aは、当事者Bが第三者との間で起こした上記デフォルトを理由に当該ISDAマスター契約を期限前解約できる。

Part 1（c）にはCross-Defaultについての選択規定が設けられており、同規定の適用・不適用とその適用範囲、免責限度額を記入する。

まず適用・不適用の選択については、双方にCross-Defaultを適用（will apply）するのが一般的である。

次にCross-Defaultの適用範囲を定める「指定債務（Specified Indebtedness）」については、特に指定が無ければ、Section 14所定の定義「借入金に関する全ての債務（any obligation in respect of borrowed money）」の意味に従う。同定義のborrowed moneyとは金銭貸借の意であり、預金取引やローン取引が対象となる。また、any obligationのanyは「何でも全て」という意味であるため、そこから「当事者間のみならず、当事者と第三者との間も含めた」という意味を汲み取ることができると考えられている。

更にCross-Defaultの免責限度額を定める「極度額（Threshold Amount）」には、通常、USD 10 million（10億円）または自己資本金（純資産）の3%相当額を記入する場合が多い。

なお、指定債務には預金取引が含まれるため、事務ミスやシステム障害による預金取引の決済遅延がCross-Defaultの対象となるのを避ける

べく、指定債務の定義から預金取引を除外する規定や事務ミスやシステム障害による決済遅延をCross-Defaultの適用対象外とする免責規定をPart 1（c）やPart 5に追加する事例が多い。特に当事者が銀行の場合には、金融機関同士の預金取引だけでなく、事業会社や個人との膨大な件数の預金取引を行っているため、預金取引で支払遅延等の事故を起こしてしまうと、Cross-Defaultの対象となるため、それを回避するために上記の免責規定を必ず追加している。

（4）Default Under Specified Transaction と Cross-Default の違い

　下記の対比表はDefault Under Specified Transaction と Cross-Default の違いを表にまとめたものである。この2つの事由の概念がよく似ており、しばしば混同されるため、改めてその相違点を対比した。

　両者が最も異なる点は適用対象となる取引の範囲である。Default Under Specified Transaction の適用対象は当事者間の取引だけである。別の契約書に基づく「指定取引（Specified Transaction）」を適用対象とするが、それはあくまでも当事者間の取引だけである。なお、指定取引はデリバティブ取引や為替取引等のオフバランス取引が中心である（但し、債券レポ取引は例外的にオンバランス取引である）。それに対して、Cross-Defaultの適用対象には第三者との取引も含まれる。「指定債務（Specified Indebtedness）」は金銭消費貸借取引に関する債務であり、オンバランス取引である預金取引とローン取引とされる。

　その他にも、事由の適用・不適用の選択規定がCross-Defaultには有るが、Default Under Specified Transaction には無い、Cross-Defaultには「極度額（Threshold Amount）」の指定による免責規定があるが、Default Under Specified Transaction には免責規定は無いといった相違点がある。

図表4－2

事由	Default Under Specified Transaction	Cross-Default
条文	Section 5（a）（v）	Section 5（a）（vi）
規定内容	当事者間に複数個の基本契約書が存在している場合に、本契約以外の基本契約書に依拠する取引すなわち「指定取引（Specified Transaction）」に発生したデフォルトを本契約の期限前解約事由とする。〈当事者間でのデフォルトのみを対象とする〉	当事者間のみならず、当事者と第三者との間も含めた「指定債務（Specified Indebtedness）」に発生したデフォルトを、本契約の期限前解約事由とする。〈当事者以外の第三者とのデフォルトも対象とする〉
対象取引の範囲	当事者間の「指定取引」であり、その定義は、原則、Section 14 所定の「あらゆる種類のデリバティブ取引（為替取引・通貨オプション取引を含む）と債券レポ取引」。〈オフバランス取引を主に対象〉	当事者間および第三者との指定債務の取引であり、その定義は、原則、Section 14 所定の「借入金に関する全ての債務」すなわち預金取引やローン取引等の資金取引。〈オンバランス取引を主に対象〉
スケジュール所定の選択規定	Part 1（b）での「指定取引」の定義の変更。Part 1（a）での「指定組織」への適用の選択。本事由の適用・不適用の選択は無し。	Part 1（c）での本事由の適用・不適用の選択、「指定債務」の定義の変更、「極度額（Threshold Amount）」の指定。Part 1（a）での「指定組織」への適用の選択。
免責規定	無し。発生したデフォルト額の多寡に関係なく適用される。	発生したデフォルトの合計額が「極度額」未満であれば免責される。
効果	当事者間にデリバティブ取引等の複数個の基本契約書が併存する場合のリスク管理の一元化。	本契約でカバーできない預金取引、ローン取引等を含めた総合的なリスク管理。

（5）**Part 1（d）Credit Event Upon Merger（合併に伴う信用不安事由）**

　Part 1（d）は Section 5（b）（v）の Credit Event Upon Merger（合

併に伴う信用不安事由）に関する選択規定である。Part 1 （d）でその適用・不適用を選択可能だが、通常、両当事者とも適用を選択する。

Credit Event Upon Mergerとは、当該当事者の第三者との合併等（M&A全般）の結果、その直後に同当事者の信用がその直前に比べて著しく低下（materially weaker）した場合に期限前解約事由となるTermination Eventである。但し、materially weakerという文言の意味が曖昧であるため、本事由は適用しても機能しない規定と考えられている。その問題点を解決するべく、Part 1 （d）やPart 5にmaterially weakerの明確な定義を追加する事例がある。例えば、「合併等の結果、当該当事者の信用格付がMoody'sのBa1やS＆PのBB+まで低下すればmaterially weakerに該当する」等の定義である。

（6）Part 1 （e）Automatic Early Termination（自動的期限前終了）

Part 1 （e）は、Section 5 （a）（vii）Bankruptcy所定の自動的期限前終了（Automatic Early Termination、以下AET）に関する選択規定である。

AETはSection 5 （a）（vii）Bankruptcyの（1）、（3）、（4）、（5）、（6）、（8）についてのみ認められており、AETには管財人のチェリー・ピッキング（第2章の**2**参照）を阻止できるメリットはあるが、他方で解約清算手続の混乱や予期せぬ損害発生等のデメリットもあるので、適用するか否かには慎重な判断が求められる。AETの適用・不適用の選択は各国・地域の倒産法との関係で選択が行われる。一般論として、管財人によるチェリー・ピッキングのリスクの有る国・地域では適用を選択し、倒産手続の開始後も一括解約・清算が可能な国・地域では不適用を選択する（例：日本では適用、米国では不適用）。

（7）1992年版のPart 1 （f）Payments on Early Termination（期限前終了時の支払）

2002年版ISDAマスター契約様式には無いが、1992年版ISDAマス

ター契約様式にはPart 1（f）Payments on Early Termination（期限前終了時の支払）という選択記入欄が有る。同記入欄では、解約清算金の算出方法と支払方法について、下記のような選択を行う。

・解約清算金の算出方法: Market Quotation、Lossのいずれかを選択。

・解約清算金の支払方法: The First Method（LTW）、The Second Method（FTW）のいずれかを選択。

　ちなみに、2002年版様式では上記の選択記入欄は無く、選択の余地無く、解約清算金の算出方法はClose-out Amountが、同支払方法はFTWが、それぞれ適用される（第3章の**7**、**8**参照）。

(8) Part 1（f）Termination Currency（終了通貨）

　Part 1（f）は、Section 8と関連しており、ISDAマスター契約に基づく特定の取引の解約または全取引の一括解約の際の清算に使用する通貨（終了通貨）を記入する欄である。

　一般に、相手方が外国の取引先の場合には米ドル、日本の取引先の場合には日本円を、それぞれ終了通貨に指定する。ちなみに、ユーロは相手方が欧州の地場企業の場合には終了通貨に指定されるが、相手方が欧州系の大手金融機関の場合には一般に米ドルが終了通貨に指定される。

　なお、状況に応じて臨機応変な対応を行うべく、終了通貨に特定の通貨を指定せず、「Non-defaulting PartyまたはNon-affected Partyが指定する通貨、もし両当事者がAffected Partyの場合には両者で合意する通貨、もしかかる合意が成立しない場合や、合意した通貨が使用不可の場合には、米ドルとする。」といった、幅を持たせた文言を記入するケースもある。

(9) Part 1（g）Additional Termination Event（その他の終了事由）

　Part 1（g）では、Section 5（b）（vi）のAdditional Termination Event（その他の終了事由、以下ATE）に基づいて、もしATEを適用する場合には、ここにその具体的な内容を記入する。

しかし、通常は、ATEを記入せず、NoneまたはNot Applicableと記入することが一般的である。

但し、ごく稀に下記のような事象をATEとして追加するケースがある。

①経営悪化により信用格付が投資不適格水準（BBクラス以下）に低下（これをダウン・グレード条項/Down Grade Provisionと呼ぶ）

②銀行免許の取消（没収）（極めて稀だが、1999年に某外資系金融機関が日本で銀行免許取消になった事例あり）

③日銀特融（経営破綻の際に日銀が融資を行うケース）

④業務改善命令（財務上の理由によるものに限る）

② Schedule Part 2の記入方法

Part 2は租税表明の記入欄であり、デリバティブ取引の支払に対して源泉徴収税が課税されないことを確認する表明および源泉徴収税の減免や税務当局への報告義務の免除のための表明について、その適用・不適用を記入する。

Part 2所定の租税表明は、基本的には、日本と米国とのクロスボーダー取引について適用されるものであり、日本の会社同士が国内で取引する場合に表明は不要であり、全て不適用として構わない。しかし、取引相手が米国の会社であれば、適用内容を正しく記入しなければならない。

この租税表明は（a）のPayer Representations（支払人の租税表明）と（b）のPayee Representations（受取人の租税表明）の2つに分かれており、例えば、金利スワップ取引の金利を支払う場合も受取る場合も、各々の立場で、必要に応じて、交互に表明することになる。

（1）Part 2（a）Payer Representations（支払人の租税表明）

Part 2（a）は支払人の租税表明である。支払人は「支払人自らの関係地域の適用法令により、本契約に基づき当事者が相手方当事者に支払

うべき支払から租税の控除や源泉徴収を要求されない」旨の表明について、適用・不適用を選択する。これは、金利スワップ取引の金利等を支払う側が、同金利等を支払う際に、その所属する税務管轄において源泉課税が発生しない旨を表明するものである。

　通常、両当事者が共に「適用」を選択する。Part 2（a）の表明には誤表明への罰則規定が無いこともあり、比較的容易に適用を選択するようである。

(2) Part 2 (b) Payee Representations（受取人の租税表明）

　Part 2（b）は受取人の租税表明であり、下記の（i）～（vii）のうちの該当する事項について表明を行う。

(i) 米国との租税条約による源泉徴収税の減免措置に関する表明

(ii) 米国税法上の「実質的に関連する所得」による源泉徴収税の免除に関する表明

(iii)～(vii) 米国税法上の取引報告義務の免除に関する表明（(iii)～(vii)のうち、自らが該当する1つを表明する）

　上記の各表明はいずれも、その表明を行うことが源泉徴収税の減免措置の必要条件とされている。但し、上記表明はいずれも対米国の租税条約や米国税法に基づくものであり、取引相手が米国の組織でなく、かつ自社も米国内に店舗を有していない場合には、基本的には米国源泉の支払の受取人（Payee）となることは無いため、Part 2（b）の租税表明は全て不要（つまり不表明）となる。

　上記の（i）～（vii）について、補足説明を行う。

(i) 米国との租税条約による源泉徴収税の減免措置に関する表明

　日本の当事者と米国の当事者が金利スワップ取引を成約しており、金利スワップ取引の金利支払を日米間のクロスボーダーで行う際に、日本から米国への金利支払の場合には源泉課税は無いが、米国から日本への金利支払の場合には源泉課税されるケースが有り得る。

日本の当事者が米国の当事者からクロスボーダーで金利支払を受取る場合には、日米租税条約に基づいて源泉課税が減免される特典があり、(i) の表明を行うことが減免措置を受けるための必要条件とされている。

(ii) 米国税法上の「実質的に関連する所得」による源泉徴収税の免除に関する表明

　日本の当事者のニューヨーク支店が米国の当事者のニューヨーク本店と取引をする場合、米国内の取引となる。そのため、同取引の収益は法人税の対象となり、源泉課税の対象外となる。ここで言う「実質的に関連する所得」とは、米国内の取引に関連している所得という意味である。つまり「実質的に関連する所得」に該当すれば、源泉課税が免除される訳である。従って、日本企業が在米店舗を有している場合には、源泉課税免除のために (ii) の表明を行う必要がある。

(iii) ～ (vii) 米国税法上の取引報告義務の免除に関する表明

　(iii) ～ (vii) は取引報告義務の免除のための表明である。取引報告には多大な手間とコストを要するため、その免除には大きなメリットがある。(iii) ～ (vii) の項目は米国人（U.S. person）、非米国人（foreign person）といった当事者の法的地位に関するものであり、それらのうちの該当する項目1つを選んで表明を行い、それ以外の項目はNot Applicable（該当なし）と記入すれば良い。

　なお、Part 2（b）の受取人の租税表明において誤表明を行うと、下記のペナルティが発生する。上記の誤表明はSection 5（a）（iv）のMisrepresentationには該当しないが、Section 2（d）所定のGross-Upを受ける権利を失い、Section 5（b）（iii）、（iv）所定の源泉課税を理由とする期限前解約権を失う。その点には十分な注意が必要である。

3 Schedule Part 3の記入方法

　Part 3では、ISDAマスター契約の締結時または締結後、必要に応じて相手方当事者に交付するべき書類を記入する。具体的には、租税文書、

サインリスト（署名鑑）、財務諸表等である。

(1) Part 3 (a) Tax Form（租税文書）等

Part 3 (a) では、支払に関する源泉徴収税の減免措置を受けるために取引相手から記入・交付を求められる租税文書（Tax Form）を、必要に応じて記入する。具体的には、交付義務を負う当事者、交付するべき書類、交付の時期を記入する。但し、本邦企業間の取引の場合は、源泉課税が無いため、Not Applicable（該当なし）と記入するのが通例である。

Part 3 (a) に記入する代表的な租税文書は米国のW-8BEN-E、W-8ECI等である。それらは日米間でデリバティブ取引を行う場合に、日米租税条約や米国の税法に基づき、源泉徴収税の減免措置の必要条件として、日本の当事者（受取人）が米国の当事者（支払人）に対して記入・交付するものである。

(2) Part 3 (b) Other Documents（その他の書類）

Part 3 (b) では、その他の文書すなわちサインリスト（署名鑑、印鑑証明書）、財務諸表（決算書、Annual Report）等を記入する。ごく稀に、ISDAマスター契約の締結の権能や正当な意思決定の証跡として、取締役会議事録、弁護士意見書（capacity opinion）等の交付を求められる場合がある。具体的には、交付義務を負う当事者、交付するべき書類、交付の時期、Section 3 (d) に関する表明を記入する。

上記について、補足説明を行う。

ISDAマスター契約では一般に欧文署名を行うが、日本では記名捺印でも構わない。その場合には、サインリストではなく、印鑑証明書を相手に交付する。但し、稀に「サインリスト（印鑑証明書）では証拠として不十分だ」と相手方から言われるケースがある。サインリスト（印鑑証明書）は署名者（記名捺印者）のサインの形（印影）だけしか証明しておらず、当該人物のサイン権限（記名捺印権限）や役職を明確には証

明していないからである。その場合には、権限証明書（Incumbency）や社長から署名者（記名捺印者）にサイン権限（記名捺印権限）を委譲する委任状（Power of Attorney）を作成して交付することとなる。

　また、ISDAマスター契約の締結に際して組織の意思決定が正しく行われたことを証明するべく、取締役会議事録の交付を求められることや、ISDAマスター契約の締結が当該当事者の法人としての行為能力に含まれていることを証明するべく、弁護士意見書（capacity opinion）の交付を求められることも、ごく稀にある。

　Part 3（b）の右端のCovered by Section 3（d）Representationでは、通常、全ての交付書類についてYesを選択する。なお、Yesを選択した場合には、Accuracy of Specified Information（指定情報の正確性）の表明の対象となり、交付書類に「重大な誤り」があると、Section 5（a）（iv）所定のMisrepresentation（誤表明）によるEvent of Defaultに該当する点に注意が必要である。但し、「重大な誤り」とは、例えば、組織的な粉飾決算により決算書が虚偽の内容であるような場合を指し、誤字脱字のような小さなミスは該当しない。

4 Schedule Part 4の記入方法

　Part 4では、住所連絡先、マルチブランチ、準拠法、信用保証書類等の事項を記入する。Part 4は「雑則」という表題だが、相応に重要な項目が含まれている。

(1) Part 4（a）Addresses for Notices（住所連絡先）

　Part 4（a）には、各当事者の法的手続や資金決済に用いるマルチブランチの各店舗の住所連絡先を記入する。住所、電話、ファクシミリ、テレックス、Eメール、部署名等の記入欄があるが、テレックスは2005年に既に使命を終えているので、記入は不要である。電子通信システム（Electronic Messaging System Details）には、通常、SWIFT Codeを

記入する。Eメールには、個人のEメール・アドレスを記入するのではなく、当該部署の代表Eメール・アドレスを記入するか、または「別途、通知する（To be informed separately in each case）」と記入するのが通例である。

　Part 4（a）の記入内容を変更する場合には、ISDAマスター契約を条件変更（アメンドメント契約書の締結）する必要は無く、Section 12（b）に基づき、通知（例：転居通知）のみで変更が可能である。同通知は英文でも和文でも構わない。

（2）Part 4（b）Process Agent（訴状送達受領代理人）

　Part 4（b）ではProcess Agent（訴状送達受領代理人、以下PAと略記）を指定することができる。PAとは、訴訟の際に原告が被告に訴状を送付するが、その訴状を被告に代わって受け取る代理人のことである。但し、PAはあくまでも訴状を受領するだけであり、裁判を被告に代わって行う訳ではない（第3章の**16**参照）。

　図表4－3でその仕組みを説明する。左側が日本で右側が米国である。本店が東京に在る邦銀A銀行と本店がニューヨークに在る米銀B銀行の間で、ISDAマスター契約を締結してデリバティブ取引を行っていたところ、トラブルが発生した。その結果、B銀行がA銀行を提訴した。この場合、A銀行が被告で、B銀行が原告となる。

　かかる場合、B銀行は正規のルートであれば、訴状を裁判所経由で送付することになり、訴状は米国の地方裁判所から連邦裁判所に届き、そこから日本の最高裁判所に転送され、最高裁判所から管轄の地方裁判所に届くという経路で送達される。言わば、リレー方式で訴状を受け渡すことになる（図表4－3の①）。その場合には、役所仕事の弊害もあり、訴状の受渡に数ヵ月を要してしまう。

　他方で、A銀行のニューヨーク支店をA銀行本店のPAに指定しておけば、同じニューヨーク市内で訴状をB銀行本店からA銀行ニューヨーク支店に直接持参することやバイク便で運ぶことが可能となり（図表4

－3の②）、時間が大幅に節約できる。それがPAのメリットである。

図表4－3

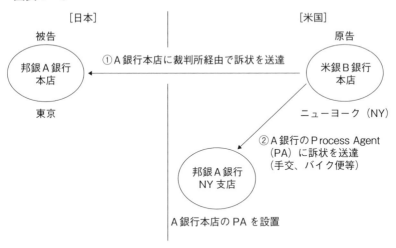

［日本］　　　　　　　　　　　　　　　　［米国］

被告　　　　　　　　　　　　　　　　　原告

邦銀A銀行
本店

①A銀行本店に裁判所経由で訴状を送達

米銀B銀行
本店

東京

ニューヨーク（NY）

②A銀行のProcess Agent
（PA）に訴状を送達
（手交、バイク便等）

邦銀A銀行
NY支店

A銀行本店のPAを設置

　しかし、PAには問題点もある。A銀行ニューヨーク支店の窓口の担当者が訴状を受け取った瞬間にA銀行本店は自らが訴訟の被告であることを認識したとみなされる。従って、もしA銀行ニューヨーク支店の窓口で訴状を受け取った担当者が訴状の受領を本店に報告連絡するのを失念した場合、本店はその事実を何も知らされていないままで訴訟が進み、A銀行が欠席裁判で敗訴する恐れがある。

　それを防ぐには、PA設置の際に、PAとなる海外支店の職員に訴状受領時の本店への報告連絡を周知徹底しておくことが求められる。または、当該海外支店の社内法務部署や顧問法律事務所をPAに指定しておく方法もある。法務の専門家がPAであれば、訴状の重要性や緊急性を理解しているので、本店への報告連絡を失念するリスクは軽減されるからである。

　PAは準拠法との関わりがあり、ISDAマスター契約の準拠法がニューヨーク州法の場合にはPAをニューヨークに設置し、英国法の場合にはPAをロンドンに設置するのが一般的である。そのため、一般論として、PAの設置場所は、取引相手が米銀の場合にはニューヨークとなり、取

引相手が欧州系の銀行の場合にはロンドンとなる。

　但し、準拠法が日本法の場合には、日本ではPAの制度が明確に認められていないため、通常、設置できない。すなわち、邦銀が米銀を提訴する際に、米銀の東京支店をPAとして、東京都内で訴状の送達をバイク便で行うことは不可である。従って、PA設置のメリットは外銀が邦銀を提訴する場合（邦銀が被告の場合）のみに有り、邦銀が外銀を提訴する場合（邦銀が原告の場合）には無い。

（3）Part 4（c）Offices（店舗）

　Part 4（c）はマルチブランチ契約における本店の責任に関する表明の選択規定である。通常は表明を行う。この表明を行うと、当該当事者のマルチブランチに指定されているいずれの店舗で行った取引も全て、その本店を通して行った取引とみなされ、本契約に基づく全ての権利・義務は本店に帰属し、各支店は単なる記帳店舗（booking office）となり、独立した契約主体ではなくなる。なお、本店がマルチブランチに含まれていない場合にも、同じ結果となる点に注意が必要である。

　もっとも本表明は当然のことを確認しているに過ぎない。そもそも論として、支店は当該当事者の組織の一部に過ぎず、法的に独立した契約主体ではない。「A銀行」という会社は有っても、「A銀行ニューヨーク支店」や「A銀行ロンドン支店」という会社は無い。取引がニューヨーク支店で記帳（book）されていようが、ロンドン支店で記帳されていようが、いずれもA銀行の取引である。つまり支店は単なる記帳店舗（booking office）に過ぎない訳である。

　本表明を適用している場合に、もし支店で債務不履行が発生すれば、相手方当事者は不履行の発生した当事者の本店に対して当該債務の代位履行を請求できる。但し、Section 5（e）に例外規定があり、たとえ本表明を適用していても、Illegality や Force Majeure Event が当該支店のみならず本店にも発生していれば、本店がその代位履行を免除される場合がある点に注意が必要である。

なお、極めて稀ではあるが、支店が独立採算制になっているためか、あるいは現地の地政学的なリスクを取りたくないためか、取引相手が本表明を適用しないケースや一定の条件付で適用するケースが有り得る。かかるケースでは、支店の債務不履行の際に本店が代位履行してくれなくなる。それを防ぐには、本表明を適用してもらうよう交渉するべきである。

(4) Part 4 (d) Multibranch Party（マルチブランチ）

Part 4 (d) には、各当事者のマルチブランチ（取引可能店舗）を記入する。但し、取引の資金決済機能の無い駐在員事務所や出張所を記入することは不可である。また、当事者と法人格の異なる関係会社（親会社、子会社等）を記入することも不可である。

(5) Part 4 (e) Calculation Agent（計算代理人）

Part 4 (e) ではCalculation Agent（計算代理人、以下CAと略記）を指定する。CAとは、取引の金利、受払額の計算、非常時の代替レートの決定等を行う役目を負う当事者の意である。

OTCデリバティブ取引は相対かつテーラーメイドつまり当事者間で自由に取引条件を決定できる取引であるため、取引内容やキャッシュ・フローが複雑な取引が多い。しかも、その取引期間が5年、10年と長い取引が多いため、その間に担当者が異動する等して、途中で取引条件が不分明になってしまう恐れもある。そのため、行き違いや勘違いによるトラブルが発生する傾向が見られる。

上記のトラブルを回避するべく、当事者のいずれか一方をCAに指名しておいて、取引の利払日が近づいてきたら、CAが次回の変動金利が何％であるのか、実際に受払する利息は幾らであるのか等を相手方に通知して、相手方は通知内容が正しいことを確認して返信する形でリコンファーム（再確認）を行う。

上記リコンファームの通知義務を負っているのがCAであり、CAの

事務負担はかなり大きい。従って、外銀と邦銀の取引であれば外銀が
CAとなり、大きな銀行と小さな銀行の取引であれば大きな銀行がCA
になる、といった形で、システム・インフラが進んでいる方の当事者が
CAとなる場合が多いようだ。

　なお、「CAにはコンファメーション作成の義務が有る」という俗説
は間違いである。CAには取引のコンファメーションの作成義務は無い。
何故ならば、ISDAマスター契約にもISDA制定の各種定義集にも「CA
にコンファメーション作成の義務が有る」旨の規定は一切無いからだ。
但し、コンファメーション作成には相応のシステム・インフラが必要で
あり、CAになる当事者はシステム・インフラが進んでいるため、結果
論として、CAである当事者がコンファメーションを作成する場合が多
いことは事実である。その事実から上記の俗説が生まれたものと推察さ
れるが、あくまでも俗説は誤りであることを正しく理解しておくべきだ
ろう（第5章の**2**の（3）参照）。

(6) Part 4（f）Credit Support Document（信用保証書類）

　Part 4（f）では「信用保証書類（Credit Support Document）」を記
入する。信用保証書類とは、当事者の信用を補完・補強し、デフォルト
発生時の損害を軽減する書類のことであり、通常、親会社の発行する保
証書や現金、債券等を担保物とする担保契約書（ISDA制定のCredit
Support Annex、以下CSAと略記／第8章の**1**参照）が該当する。

　保証書には包括保証書と特定の取引のみを保証する個別保証書がある。
しかし、ISDAマスター契約は当事者間で反復継続して取引を行う基本
契約書であり、その債務を保証するには、通常、包括保証書をPart 4（f）
に記入する。

　なお、保証書ではないが、いわゆる支持文書であるLetter of Comfort、
Letter of Awareness、Letter of Undertaking、Keepwell Agreement
等をPart 4（f）に記入する例も有る。それらの支持文書には、親会社
が当該子会社を管理する旨は記されているが、同子会社の債務を保証す

る旨は記されておらず、正に気休め（comfort）程度の意味しかない文書である。

　当該信用保証書類による信用補完や担保の強弱には関係なく、Part 4（f）に記入した書類に関して債務不履行や誤表明が発生すると、Section 5（a）（iii）のCredit Support DefaultやSection 5（a）（iv）のMisrepresentationといったEvent of Defaultに該当する。例えば、気休め程度の効果しかないLetter of Comfortと言えども、Part 4（f）に信用保証書類として記載されれば、Letter of Comfort所定の親会社としての最低限の管理義務を怠ると、Event of Defaultに該当する訳である。

（7）Part 4（g）Credit Support Provider（信用保証提供者）

　Part 4（g）は前述のPart 4（f）の信用保証書類と関連しており、ここでは、「信用保証提供者（Credit Support Provider）」を記入する。信用保証提供者とは、当事者のために信用保証書類を差し入れて同当事者の信用補完を行う者の意であり、通常、保証人（親会社）や担保提供者を記入する。例えば、Part 4（f）で親会社保証書を信用保証書類として記入した場合には、Part 4（g）には保証人である親会社を信用保証提供者として記入する。

　但し、CSA（前節（6）参照）については、たとえPart 4（f）でCSAを信用保証書類として記入していても、CSAは相互差入方式の担保契約書であり、両当事者が相互に担保提供者すなわち信用保証提供者となるため、Part 4（g）にはNone（該当なし）と記入する。

　なお、Part 4（g）で信用保証提供者として記入された者には、Section 5（a）（iii）、Section 5（a）（iv）、Section 5（a）（v）、Section 5（a）（vi）、Section 5（a）（vii）、Section 5（a）（viii）の各Event of Default、Section 5（b）（i）、Section 5（b）（ii）、Section 5（b）（v）の各Termination Eventが適用される。つまり信用保証提供者である保証人が保証債務を履行しない場合には、上記のいずれかの期限前解約事由に該当する訳である。

(8) Part 4（h）Governing Law（準拠法）

Part 4（h）では準拠法（いわゆる契約準拠法）を記入する。契約準拠法とは本ISDAマスター契約に基づく取引の権利・義務に適用される法律であり、倒産法や規制・税制に関する法律とは別のものである。

ここでは、取引相手に応じて、ニューヨーク州法、英国法、日本法のいずれかを準拠法として指定する。一般的傾向として、取引相手の所属する国・地域が欧州、アジア、オセアニアの場合には英国法、米国、カナダ、韓国、フィリピンの場合にはニューヨーク州法、日本の場合には日本法を指定する。

但し、特定の法律を準拠法とすることを当事者間で合意したとしても、私人間の合意が必ずしも訴訟時に採用されるとは限らない。当該訴訟に適用する準拠法については、裁判官が職権で決定するからである。

(9) Part 4（i）Netting of Payments（差金決済）

Part 4（i）のNetting of Payments（差金決済）では、Section 2（c）所定のペイメント・ネッティングを複数個の取引に跨って行うか否かを選択して記入する（第3章の**2**参照）。

Section 2（c）所定のペイメント・ネッティングとは、同一の取引において、その支払日と通貨が同じ支払があれば、差金決済を行う趣旨である。更に上記のペイメント・ネッティングを複数の取引に跨って行うのが、Multiple Transaction Payment Netting（以下MTPN）である。

しかしながら、システム対応が困難であるため、MTPNは不適用（will not apply）とするが通例である。但し、特定の種類の取引に限りかつ特定の店舗間の取引に限り、MTPNを適用（will apply）とする例もごく稀にある。

なおMTPNという用語は2002年版ISDAマスター契約様式には有るが、1992年版ISDAマスター契約様式には無い。1992年版ISDAマスター契約様式の該当箇所には、Subparagraph（ii）of Section 2（c）の不適用（will not apply）・適用（will apply）を選択する規定が有る。この

Subparagraph (ii) of Section 2 (c) とは、具体的にはin respect of the same Transaction（同一の取引において）という文言である。

つまり「同一の取引において」という文言を適用しなければ、「同一の取引において」という条件が外れるため、「複数の取引に跨ってペイメント・ネッティングを行う」という意味になり、逆に「同一の取引において」という文言を適用すれば、「同一の取引において」という条件が課されるため、「複数の取引に跨るペイメント・ネッティングを行わない」という意味になる。従って、Subparagraph (ii) of Section 2 (c) を不適用（will not apply）とすれば、複数取引に跨るペイメント・ネッティングを行うことになり、適用（will apply）とすれば、複数取引に跨るペイメント・ネッティングを行わないことになる訳である。

1992年版様式の上記の箇所がやや難解であり、しばしば誤解を招いていたため、その反省を活かして2002年版様式では、理解し易いMTPNの適用・不適用を選択する記入方法へと修正された。かかる歴史的経緯があるので、もし1992年版様式を使用する場合には、間違えないように十分に注意されたい。

（10）Part 4 （j）Affiliate（関係会社）

Part 4 （j）では、ISDAマスター契約に登場する専門用語であるAffiliate（関係会社）の定義を記入する。通常、ここでは、Section 14所定の定義に従う旨を記入する。

Section 14所定のAffiliateの定義は、「当事者と直接的または間接的あるいは共通の支配もしくは被支配の関係にある者」である。なお、同定義中の「支配」とは、議決権の有る株式の過半数の所有を意味する。直接的な支配とは親会社と子会社の関係であり、間接的な支配とは親会社と孫会社のような関係である。また、共通の支配とは、同じ持株会社の下に複数の子会社がぶら下がっている場合を想定している。つまり当事者と50％超の出資関係にある親会社、子会社、孫会社、兄弟会社等を総称してAffiliateという呼ぶ訳である。

(11) Part 4 (k) Absence of Litigation（訴訟の不存在に関する表明）

Part 4 (k) はSection 3 (c) のAbsence of Litigation（訴訟の不存在に関する表明）と関連しており、同表明の対象となる関係会社（グループ企業）等を指定組織（Specified Entity）として指定できる。通常、ここには何も指定せず、NoneまたはNot Applicableと記入する。その理由は、たとえ自社のグループ企業であっても、訴訟の不存在を常時モニタリングするのは困難だからである。

第3章の**3**で前述のとおり、ここで言う「訴訟」はあくまでもISDAマスター契約の法的有効性に悪影響を与えるような訴訟を指す。ISDAマスター契約に関係の無い訴訟は表明の対象ではない。従って、本表明の対象となる訴訟は極めて稀なケースとなる。とは言え、たとえ自社のグループ企業であっても、会社が別であれば、その社内の事情を社外から正確かつ適時には把握できないため、訴訟の不存在を常時モニタリングすることは困難である。そのため、本表明が誤表明となるリスクを回避するべく、指定組織には何も指定しないのが通例となっている。

(12) Part 4 (l) No Agency（代理人でないこと）

Part 4 (l) のNo Agency（代理人でないこと）は、本人確認のための表明である。

ここでは、Section 3 (g) 所定の「各当事者は本人として本契約を締結し、取引を行っており、いかなる者の代理人としてもそれらの行為を行わない」旨の表明の適用・不適用を選択できる。本表明はマネー・ローンダリング防止のための規定でもあり、通常、適用を選択する。

(13) Part 4 (m) Relationship Between Parties（自己責任原則の表明）

Part 4 (m) のRelationship Between Parties（当事者間の関係）は、自己責任原則の表明規定である。ここでは、下記の表明の適用・不適用を選択できるが、通常、適用を選択する。

・Non-Reliance：各当事者は固有かつ独自の判断で取引を行い、取引相手に依存していないこと。

・Assessment and Understanding：各当事者は取引条件とリスクを理解して取引を行っていること。

・Status of Parties：取引相手は各当事者の受託者（fiduciary）や助言者として行動していないこと。

　インターバンク取引等のプロ業者同士の取引においては、本表明の必要性は低いが、近年では、多くの事業会社がISDAマスター契約に依拠してデリバティブ取引を行っているため、顧客に自己責任原則を周知徹底するべく、本表明をPart 4（m）に追加している訳である。

（14）Part 4（n）Recording of Conversations（通話録音の同意）

　Part 4（n）のRecording of Conversations（通話録音の同意）は、文字通り、当事者間における本契約や個々の取引（潜在的取引を含む）に関する電話の通話を録音することを相互に同意し合う規定である。本規定は、主に欧米諸国において、取引相手の事前同意の無い録音は違法な証拠として裁判等における証拠能力を否定されてしまう可能性があるので、それに対処するためのものである。本規定は選択規定だが、通常、本規定を記入する。

　実務上、金融機関ではディーリング・ルームの電話は全て録音している。しかし、通話の都度、録音について取引相手の了解を求めている訳ではなく、取引当事者間の暗黙の了解に基づいて録音を行っているのが実情である。そのため、Part 4（n）に本規定を記入して、通話の録音について、取引相手の包括的な同意を取得する訳である。

5　Schedule Part 5～6の記入方法

（1）Part 5の記入方法

　Part 5には、Part 1～4所定の記入欄に記入できない特約事項を必要

に応じて記入する。但し、ISDAマスター契約様式にPart 5は有るが、そこには予め決められた選択肢や記入欄が無く、何を書いても構わない自由記入欄となっている。従って、相手方との締結交渉の際にPart 5の記入内容について紛糾する場合が多い。

　但し、ある程度の市場慣行は形成されており、Part 5に記入される頻度の高い規定は以下のとおりである。

・定 義 集 の 適 用（2006 ISDA Definitions, 2021 ISDA Interest Rate Derivatives Definitions等を適用）
・Section 5（a）（vi）Cross-Defaultの事務ミスやシステム障害における免責規定
・Waiver of Rights of Jury Trial（陪審の権利の放棄）
・英国の「第三者の権利に関する法律」の適用除外
・準拠法が日本法の場合における、東京地裁の裁判管轄の指定
・Arbitration（仲裁条項）
・Escrow Payments（エスクロ口座規定）
・2002 Master Agreement Protocol（2003年7月15日制定）の相対追加
・米 国 のFATCA（Foreign Account Tax Compliance Act）関 連Protocolの相対追加
・各国のStay規制に関するProtocolの相対追加

　紙面の制約により上記の各規定の解説は割愛するが、詳細は筆者の拙著「改訂新版 必携デリバティブ・ドキュメンテーション 基本契約書編」の第6章の6-1、6-2を参照されたい。

（2）Part 6の記入方法

　ISDAマスター契約様式のスケジュール部分はPart 5までしかないが、ISDAマスター契約の対象取引に為替取引や通貨オプション取引を含める場合には、"Part 6"と題する、為替取引・通貨オプション取引専用の

規定を追加するのが市場慣行となっている。

　Part 6を追加する最大の理由は、為替取引・通貨オプション取引では
レター（書面）による正式なコンファメーション（取引確認書）を作成
しないため、必要なlegal terms（法的な契約条件）をコンファメーショ
ンに記載できないことである。legal termsとは、当該取引のISDAマス
ター契約への依拠、定義集の適用、休日調整、資金決済、市場混乱やデ
フォルト発生時の対応等に関する規定である。そのため、その代替手段
としてPart 6に必要なlegal termsを記載し、それによって同legal
termsを全ての為替取引・通貨オプション取引に包括的に適用する訳で
ある（第5章の**1**の（3）参照）。

　なお、Part 6については、ISDAがその雛形を制定していないため、
各当事者が独自の文言を作成記入しているのが現状ではあるが、ある程
度の市場慣行が形成されており、各当事者がPart 6に共通して記入する
規定は以下のとおりである。

・為替系デリバティブ取引専用の定義集である1998 FX and Currency
　Option Definitionsの適用
・既存の為替取引・通貨オプション取引のISDAマスター契約への包含
　規定
・confirming evidence（電子通信システム等による取引確認）を正式
　のコンファメーションとみなす規定
・通貨ごとの決済口座の詳細（standard settlement instructions）に関
　する規定
・通貨オプション取引のプレミアム支払遅延への対応規定
・通貨オプション取引のファクシミリによる行使通知を排除する規定
・通貨オプション取引の自動行使の適用を排除する規定

　紙面の制約により上記の各規定の解説は割愛するが、詳細は筆者の拙
著「改訂新版 必携デリバティブ・ドキュメンテーション 基本契約書編」
の第6章の6－6を参照されたい。

―第5章―

コンファメーションの総論

■1 ISDAマスター契約とコンファメーションの関係

(1) 単一契約書と一括清算ネッティング

　コンファメーションとは取引確認書のことであり、デリバティブ取引の取引成約の際に、個別に一つ一つ作成するものである。但し、その前提として当事者間でISDAマスター契約をまず締結する必要がある。ISDAマスター契約の締結後、取引を開始して個別の取引ごとに一つずつコンファメーションを作成する。

図表5－1

　図表5-1のように、当事者A（PartyA）と当事者B（PartyB）がISDAマスター契約を締結している。両当事者間には取引が5件あり、そのコンファメーションが5個作成されているという状況である。コンファメーションは個々の取引ごとに作成され、物理的にはISDAマスター契約と別の契約書冊子だが、この場合、ISDAマスター契約と5個のコンファメーションは、契約上、全体として単一の契約書を構成する建付けとなっている（第3章の■1参照）。

　なぜなら、単一契約書であることが、ISDAマスター契約に基づく一括清算ネッティングを可能とするための前提条件だからである。

(2) 文言解釈における優先順位

　ISDAマスター契約（本文部分＋スケジュール部分）と全てのコンファメーションは単一契約書を構成しているが、ごく稀にISDAマスター契約とコンファメーションで同じ文言の意味が違うといった矛盾が生じることがある。かかる場合に備えて、ISDAマスター契約のSection 1 （b）に文言の解釈の優先順位を規定している。同規定には、個々の取引のコンファメーションが最優先、次がスケジュール部分、最後が本文部分と

する順位が定められている（第3章の**1**参照）。

　但し、コンファメーションには個々の取引のeconomic terms（取引条件）を主に記載するため、期限前解約清算等に関するlegal terms（法的な条件）を規定するISDAマスター契約（本文部分＋スケジュール部分）との矛盾発生は基本的には有り得ない。

(3) Schedule Part 6について

　ISDAマスター契約は、本文部分と特約記入欄であるスケジュール部分（Schedule）で構成され、スケジュール部分は、Schedule Part 1からPart 5に分かれている。但し、為替取引、通貨オプション取引、NDF取引（Non-Deliverable Forward）、NDO取引（Non-Deliverable Option）（以下「為替系デリバティブ取引」と総称）をISDAマスター契約の対象取引に包含させる場合には、"Schedule Part 6"と呼ばれる専用規定をPart 5の後に追加する必要がある（第4章の**5**の（2）参照）。

　Schedule Part 6には、為替系デリバティブ取引のISDAマスター契約への依拠、専用定義集の適用、confirming evidence（電子通信システム等による取引確認）を正式のコンファメーションとみなす規定等が記載される。

　為替取引や通貨オプション取引においては、一般に正式なコンファメーションを作成しない（NDF取引、NDO取引では正式なコンファメーションを作成する場合が多い）。金利スワップ取引等の金利系デリバティブ取引においては、レター（書面）による本格的なコンファメーションを作成するが、為替取引や通貨オプション取引では、取引件数が非常に多いことおよび取引の仕組みが単純なことから、SWIFT等の電子通信システムによる電子コンファーム（それをconfirming evidenceと呼ぶ）のみで済ませ、レター・コンファメーションを作成しないのが通例である。

　かかるconfirming evidenceの場合、システムに入力可能な文字数の制限があるため、当該取引がISDAマスター契約に依拠する旨、専用定

義集の適用等を記載できない。そこで、Schedule Part 6に上記を記載することによって、為替取引・通貨オプション取引をISDAマスター契約に依拠させ、専用定義集を包括的に適用し、かつconfirming evidenceを正式のコンファメーションとみなし、ISDAマスター契約の一部として一体化させる訳である。

(4) 適用される各種の定義集

　この節では、コンファメーションに適用される定義集について解説を行う。前述のとおり、ISDA制定の契約書にはマスター契約とコンファメーションがあり、契約書自体はそれで完結しているが、個々の取引で使う専門用語の定義は別冊の各種定義集に規定されている。その理由は、もし専門用語の定義をマスター契約やコンファメーションに直接記載すると、契約書が膨大な分量となってしまうからである。

　かかる専門用語について、ISDAは別冊の定義集を出版している。その定義集が各取引種類ごとに分かれているので、その取引種類に応じて必要な定義集を、原則として、コンファメーションに記載（refer）して適用する訳である。

　具体的には、例えば、金利系デリバティブ取引の場合には、2006 ISDA Definitions（以下2006年版定義集）、2021 ISDA Interest Rate Derivatives Definitions（以下2021年版定義集／第7章参照）が適用される。2021年版定義集は2006年版定義集の後継定義集である。為替系デリバティブ取引の場合には、1998 FX and Currency Option Definitions（ISDA、EMTA、The Foreign Exchange Committeeの共同制定、以下、1998年版為替定義集）が適用される。1998年版為替定義集の注意点は、ISDA単独の出版ではなく、ISDA、EMTA（エムタ）、The Foreign Exchange Committee（外為市場委員会）が共同で制定したため、その呼称に"ISDA"という文言が含まれていないことである。その他にも、エクイティ、コモディティ、クレジット等のデリバティブ取引については、ISDA制定の専用定義集が適用される。

　上記のとおり、定義集の適用は、原則として、取引ごとのコンファメーションに記載（refer）することによって行うが、為替系デリバティブ取引の場合には、confirming evidence中で適用不可（システム上、入力可能な文字数の制限あり）のため、例外対応として、ISDAマスター契約のSchedule Part 6で包括適用を行う。

(5) Master Confirmation Agreementとは?

　この節では、Master Confirmation Agreement（以下MCAと略記）について解説する。NDF取引等において、時々、MCAと呼ばれる契約書が登場する。MCAとは、個々のコンファメーションに頻繁に登場する共通の規定や専門用語等を掲載した反復継続使用が可能な包括契約書であり、ISDAマスター契約とコンファメーションの中間的な位置付けの契約書である。

　同じ種類のデリバティブ取引であれば、取引ごとに取引金額や取引期間等の取引条件は違っても、使用する専門用語や適用される規定は同じである。従って、コンファメーション中に毎回出てくる専門用語や規定をコンファメーションに記載せず、コンファメーションの1つ上の次元に位置するMCAに移すことによって、コンファメーションの書式を簡便化することができる。

　そのため、MCAは、NDF取引のような専門用語や専用規定が多く、コンファメーションが長文となりがちな取引において、コンファメーションの簡略化、電子化に役立つツールとして使用される機会が多い。電子化とは、NDF取引のコンファメーションを、レター（書面）・コンファメーションからSWIFTによる電子コンファメーションに切り替える場合を指す。SWIFTの入力画面の字数制限があるため、共通の専門用語や専門規定をMCAに移すことによって電子化が可能となるのである。

　従って、MCAを導入した場合には、まずISDAマスター契約があり、その下にMCAがあり、その下に個々の取引のコンファメーションがあ

るという三層構造となる。但し、MCAはあくまでもコンファメーションの一種であるので、MCAはバックオフィスで締結するのが一般的である。

(6) ロング・コンファメーションとは？

この節では、ロング・コンファメーション（Long Confirmation、以下LCと略記）について解説する。LCとは、文字通り、長文のコンファメーションである。LCは極めて稀にしか使用しないが、時間的余裕が無かったためにISDAマスター契約を未締結のままでデリバティブ取引を成約してしまった場合等に、当面の繋ぎとして、ISDAマスター契約の代用として使用する契約書である。

デリバティブ取引は成約したが、ISDAマスター契約を締結していないため、もしも取引相手がデフォルトした場合の当面の繋ぎ（暫定的な緊急措置）として、当該取引のコンファメーションの中に「ISDAマスター契約は未締結だが、あたかも当事者間で締結しているかのような扱いをする」旨や「取引相手がデフォルトした場合には、ISDAマスター契約所定の期限前解約清算に関する規定を本取引に適用する」旨および両当事者間でのISDAマスター契約の早期締結（通常、3ヵ月以内の締結）の努力義務等を追記することがある。かかる追記を行ったコンファメーションを俗にLCと呼んでいる。追記の結果、コンファメーションが長文となるため、その呼称となったようだ。

但し、ISDAマスター契約が実際には未締結であるにも拘らず、締結しているのと同じ効果を持たせる旨の追記については、その法的有効性に大いに疑問がある。そのため、LCを用いてISDAマスター契約の締結前にデリバティブ取引を成約することは、極力、避けるべきである。

(7) コンファメーションによるISDAマスター契約の条件変更の限界

この節では、コンファメーションによるISDAマスター契約の条件変

更（アメンドメント）には限界がある点を解説する。

　前述のとおり、ISDAマスター契約のSection 1（b）の規定により、文言の解釈に矛盾がある場合には、ISDAマスター契約よりもコンファメーションの方が優先するという原則がある。そのため、同原則を根拠にすれば、ISDAマスター契約所定のlegal terms（マルチブランチ、期限前解約清算等に関する規定）に対する修正規定をコンファメーションに追記すれば、コンファメーションによるlegal termsの条件変更が理論的には可能となる。

　しかし、コンファメーションによってISDAマスター契約所定のlegal termsを条件変更する方法はあまりお勧めできない。一般に、ISDAマスター契約は本店の法務部署で締結され、他方でコンファメーションは各店舗（当該取引の記帳店舗）のバックオフィスで作成されるため、その所管部署が異なる。そのため、ISDAマスター契約の正本やその契約内容のデータは本店で一元管理されているが、コンファメーションは各店舗で分散管理されている。かかる状況下で、もしコンファメーションによる上記legal termsの条件変更を許せば、最重要事項であるlegal termsに関するデータが分散管理となり、本店でその最新のデータを一元管理できなくなってしまう。それは法務リスク管理上、由々しき問題であるため、コンファメーションによるISDAマスター契約所定のlegal termsの条件変更は良くないのである。

② コンファメーション作成の手順と手段

（1）コンファメーションの種類

　この節では、コンファメーションの種類について解説する。市場取引における「コンファメーション」という文言には様々な意味があり、実はコンファメーションには図表5－2のとおり色々な種類がある。

図表5－2

①ディール・コンファ メーション	ディーラー間の取引成約直後の電子コンファーム
②ブローカー・コン ファメーション	取引を仲介した短資会社から届くコンファメーション
③セツルメント・コン ファメーション	Calculation Agentによる資金決済のコンファーム
④約定書としてのコン ファメーション	ISDA様式のレター・コンファメーションおよび電子 通信システムによるconfirming evidence
⑤その他のコンファ メーション	各種オプション取引の行使通知のコンファーム、担保 取引におけるマージンコール通知等

　本書での主題はあくまでも上記「④約定書としてのコンファメーショ ン」であるが、それ以外にも、意味の異なる様々なコンファメーション がある。

　例えば、「①ディール・コンファメーション」は、ディーラーが取引 成約の直後にフロントオフィス同士で取引条件を電子通信システムに よってコンファームすることを指す。また「②ブローカー・コンファメー ション」は、ブローカー（短資会社）の仲介により取引を成約した直後 に、短資会社から届くコンファメーションを指す。

　更に「③セツルメント・コンファメーション」とは、取引の成約後、 次回の変動金利や受払金額等を確認する際にバックオフィス同士で電子 通信システムを用いて行うものであり、通常、Calculation Agentになっ ている当事者が発信する。

「⑤その他のコンファメーション」とは、例えば、通貨オプションの行 使通知を電話で行った場合に、その確認を書面で行うこと（第6章の**2** の（2）参照）や、CSA（ISDA制定の担保契約書）に基づく担保オペレー ションにおいて、担保請求（マージンコール）の際に必要担保額を記し て相手に送付すること（第8章の**5**の（5）参照）等を指す。

　このように、コンファメーションには様々な意味があるが、ここで言 うコンファメーションは、あくまでも「④約定書としてのコンファメー

ション」の意味であることを理解しておいていただきたい。

(2) コンファメーションの作成手順と装丁

　本節では、コンファメーションの作成手順やその装丁について解説する。まず大事なことは、デリバティブ取引や為替取引は、法律用語でいうところの諾成契約であることだ。ディーラー同士で条件が折り合い、「取引を成約する。」という意味である、ディーラー用語の「ダン（Done）」と言い合った瞬間に法的には契約が成立する。双方の合意の意思表示のみで契約が成立し、書面の作成等の手続を必要としないのが諾成契約である。

　つまり、コンファメーションの作成は契約が成立した後の確認行為であり、コンファメーションの作成が契約成立の要件ではないので、「ダン」と言った後で、まだコンファメーションを作成していないからといって、「先程のダンは取り消す。」とは言えない。もしそれを言えば、一旦、契約が成立した後での中途解約の扱いとなってしまう。その点を正しく理解する必要がある。

　今日では、為替取引・通貨オプション取引等の単純かつ取引件数の多い取引については、SWIFT、MarkitWire 等の電子通信システムによる電子コンファームで済ませ、レター・コンファメーションを作成しないのが通例である。しかし、複雑な取引の場合には、流石に電子コンファームの画面に取引条件を詳細には記入できないため、レター・コンファメーションを作成するが、ファクシミリによる送信で済ませたり、そのPDF を E メールに添付して送信する等、紙を使わない形で署名締結するのが一般的である。

　但し、確かにインターバンク取引（金融機関同士の取引）では、ファクシミリや E メール等によるコンファメーションが一般化しているが、金融機関と事業会社との取引では、国内取引が中心となるため、コンファメーションの正本（ハード・コピー）を作って直筆の署名（または記名捺印）を行うのが一般的である。

なお、コンファメーションの正本（ハード・コピー）を作る際にその背表紙を糊で貼って和紙で固めて割印を押す等、その製本や装丁をどこまで丁寧に行えば良いのか？という点は、コンファメーションの中身とは関係ないため、つまり法的な問題ではないため、常識的な範囲で任意に対応すれば良い。

(3) コンファメーションはいずれの当事者が作成するのか？

前述のとおり、ISDAマスター契約を締結している両当事者のうちのいずれかがCalculation Agent（計算代理人、以下CAと略記）に任命されるのだが、コンファメーションを作成するのはCAの仕事だと誤解されている面がある。ISDAマスター契約様式やISDA制定の定義集のどこを確認しても、CAのコンファメーション作成義務を定めた規定は一切無い。従って、上記は完全な誤解である。

コンファメーションをどちらが作るかについては、取引成約時の当事者間の遣り取りの中で決めるか、または別途、それに関する特約をISDAマスター契約のSchedule Part 5に追記するべきである。通常、双方の「あうんの呼吸」により、当事者のどちらがコンファメーションを作成するのかを決めており、一般的な傾向としては、バックオフィスのシステム・インフラのより進んでいる方の当事者が作成するのが通例である（第4章の**4**の（5）参照）。

(4) ファクシミリや電子媒体によるコンファメーションの法的有効性

本節では、本邦における電子媒体によるコンファメーションの導入の歴史とその法的有効性について解説する。つまり、コンファメーションの正本（ハードコピー）を作成せず、ファクシミリやEメールに添付したPDFで済ませる、あるいは電子サインを行う等のペーパレス化の歴史とその問題点について概説を行う（第3章の**12**参照）。

1990年代前半には、インターバンク取引（金融機関同士の取引）に

おいても、デリバティブ取引のコンファメーションについては、原則として正本を作成していた。その当時のコンファメーションの作成手順は以下のとおりだった。まず取引の成約後に、取引相手からコンファメーションのドラフトがファクシミリで届く。その記載内容を確認し、問題が無ければ、同ドラフトに署名してファクシミリで取引相手に返送する。その後、同じ内容のコンファメーションの正本（ハードコピー）2部に署名したものが取引相手から郵送で届く。その正本2部に署名して、正本1部を当方が保管し、もう1部の正本を取引相手に郵送で返す。つまり、ファクシミリで往復して更に正本で往復するという、計2回の往復が必要であった。

　しかし、1990年代後半になると、デリバティブ取引の取引量が増えて、コンファメーションの作成件数も増加し、バックオフィスの事務負担が非常に大きくなってきた。

　かかる中、欧米の金融機関から「正本の作成を廃止して欲しい」との要望が出始めて、日本においても、インターバンク取引では、徐々にファクシミリのコンファメーションに切り替えて行かざるを得なくなった。

　欧米では、1990年代初頭より、契約準拠法であるニューヨーク州法や英国法の下では、コンファメーションの正本を作成せず、ファクシミリやEメールに添付したPDFで済ませても、その記載内容が正しければ、契約書として有効とされ、かつ訴訟時にも証拠能力が認められる法的インフラがあった。しかし、日本にはかかる法的なインフラが無く、その法的有効性に疑問が有ったにも拘らず、欧米の金融機関との遣り取りの中で、なし崩し的に1990年代末頃からファクシミリによるコンファメーションが普及していった。今にして思えば、1990年代末頃には、1997年の山一証券の倒産以降、日本の金融危機が深刻化し、日本の金融機関の立場が弱くなったため、欧米の金融機関からの要求を飲まなければならなくなったという側面があった。

　2000年代に入り、日本ではファクシミリやEメールに添付したPDF等の電子媒体によるコンファメーションがインターバンク取引では一般

化した。しかし、その法的有効性については、2007年に「取引成約後の交付書類は書面ではなく電子媒体でも構わない」と定める金融商品取引法が制定されるまで、グレーのままであった。それまでの間は、「デリバティブ取引は諾成契約であり、たとえコンファメーションを作成しなくても取引（契約）は有効に成立するので、コンファメーションの作成方法が正本だろうがファクシミリだろうが、何ら問題は無い。」という論理のすり替えによる苦しい説明が続けられていた。諾成契約とは、契約が有効に成立するための要件が両当事者の合意のみで足りるという趣旨である。他方で、コンファメーションは契約の成立後の確認行為である。その確認行為の方法が正本ではなく、ファクシミリやPDFでも法的に有効か否かを聞いている質問に対して、「諾成契約なので、合意のみで契約が有効に成立しているから、確認行為はどうでもいい。」という回答は明らかに不適切であり、回答になっていない。

　結局、2007年施行の金融商品取引法の37条の4及び「金融商品取引業に関する内閣府令」の110条2項〜7項に基づき、電磁的方法によるコンファメーションの法的有効性が漸く確認され、本件は解決に至った。

　ところが、昨今、問題になっているのは、コンファメーションではなく、ISDAマスター契約やCSA（担保契約書）といった、コンファメーションよりもっと重要なlegal termsが規定されている契約書についても、正本を廃止したり、サインを電子的な焼き付けサインで済ませることの可否が争点となっている。新型コロナ・ウィルスの蔓延による在宅勤務が恒常化したため、会社に出勤して契約書正本を作成してサインを行うことが困難になり、欧米の金融機関が契約書の電子化を検討している。その影響が日本の金融機関にも及び始めている訳である。電子媒体によるコンファメーションは前述の金融商品取引法で保護されるが、ISDAマスター契約やCSAについてまで正本を廃止してしまうと、日本の現行の電子署名法では保護されない。これは今後の大きな課題である。

❸ コンファメーションに記載する主な専門用語

(1) コンファメーションの作成上の注意点（共通事項）

本節では、コンファメーションの記入文言についての注意点を解説する。

デリバティブ取引には金利、為替、クレジット、コモディティ、エクイティ等、様々な取引種類があり、そのコンファメーションの様式も取引種類によって異なる。以下に記載されているのは、いずれの取引種類のデリバティブ取引にも共通の注意点である。

①依拠するISDAマスター契約の契約日付の確認

コンファメーションの冒頭に、「本コンファメーションは両当事者間のX年X月X日付のISDAマスター契約の一部を構成する」という、ISDAマスター契約とコンファメーションを繋ぐ文言がある。ここでISDAマスター契約の契約日付（as of date）を誤記すると、コンファメーションとISDAマスター契約の繋がりが切れてしまうので、一括清算ネッティングが不可となってしまう。それは致命的な問題であるため、絶対に間違えてはいけない最重要ポイントとなる。

②PartyA、PartyBの確認

いずれの当事者がPartyAかPartyBかという略称については、ISDAマスター契約とコンファメーションで一致していなくてはならない。もしPartyAとPartyBが逆になっていたら、各当事者のidentityに関わる問題が生じるため、この点は絶対に間違えてはならず、必ず表記を統一しなければならない。

③依拠するISDAマスター契約様式の確認

当該コンファメーションが依拠するISDAマスター契約の様式や対象取引の範囲を確認する必要がある。ISDAマスター契約の様式がこれま

でに3回変わっているので、古い様式の場合には、つい最近に登場した新しい種類のデリバティブ取引に対応できない恐れがある。また、為替系デリバティブ取引を対象取引に含めるためのSchedule Part 6の規定が追加されているか否かの確認も必要である。コンファメーションの記載内容だけを点検すれば終わりではなく、上記の点も確認しないと、完璧を期すことはできない。

④準拠法の確認

　ISDAマスター契約とコンファメーションが全体として単一契約書を構成している以上、その準拠法も、原則として、両者で一致している必要がある。但し、たとえISDAマスター契約の準拠法が日本法であっても、クレジット・デリバティブ取引等の特殊な取引では、もしその主要な市場が欧州であれば、コンファメーションについては準拠法を英国法にする等、ISDAマスター契約とコンファメーションで準拠法が異なる場合がごく稀にある。

⑤適用される定義集の確認

　適用される定義集の確認については、対象取引の専門用語が掲載されている最新版の定義集がコンファメーションに適用されていることを確認しなければならない。

⑥Termination Dateの休日調整規定の確認

　Termination Dateとは、デリバティブ取引、為替取引のいずれにおいても、取引の最終期日のことである。例えば、期間5年の金利スワップ取引であれば、取引がスタートしてから丁度5年後の応当日が最終期日である。

　Termination Dateについては、コンファメーション中で特段の記載が無い限り、たとえその日が休日に該当しても休日調整されない。「Termination Dateは正に最後の日なので、たとえその日が休日であっ

ても動かすことができない」という訳である。従って、最終期日が臨時休業日となる可能性も考えられるので、「休日調整を行う」旨を、下記記入例のように予めコンファメーションに特記しておく必要がある。なお、下記のModified Following Business Day Conventionとは、「その日が休日に当たった場合には、翌営業日にずらすが、もし翌営業日が翌月となる場合には前営業日にずらす」旨の休日調整規定である。

［記入例］

subject to adjustment in accordance with the Modified Following Business Day Convention

　上記のような休日調整規定を記載しておかないと、Termination Dateが休日に当たった場合に自動的には休日調整されない。かかる場合には、最終期日の利息支払は、休日で市場が閉まっており資金決済不可のため、翌営業日にずれるが、最終期日自体はずれないので、最終回の利息が1日分少なくなってしまう。たとえ1日分とは言え、本来、受け取る筈だった利息が受け取れなくなることは非常に大きな問題であり、取引相手とのトラブルに発展する恐れがある。従って、Termination Dateの休日調整規定は極めて重要なポイントである。

⑦手数料（Fee）の支払日やオプション行使日の休日規定の確認

　毎回の金利支払日やTermination Dateの休日調整規定は、受払する利息額に関わる事項であるため、休日調整規定の記入を失念する事例は少ない。しかし、手数料（Fee）の支払日やオプションの権利行使日等については、ついつい休日調整規定の記入を失念してしまう事例が多い。休日調整規定を記入し忘れた場合、取引開始直後に支払うUp Front Feeや取引期間が数か月程度のオプション取引であれば、問題の生じる可能性は低いが、最終期日に支払うBack End Feeや取引期間が数年に及ぶオプション取引であれば、その日が臨時休業日に該当する可能性があり、問題が表面化する恐れがある。従って、上記の点を慎重に確認する必要がある。

⑧特殊約款の有無の確認

　　コンファメーションには基本的にeconomic terms（取引条件）のみ
を記入するが、ごく稀に、やや異例なlegal terms（法的な条件）を記
入する場合がある。従って、バックオフィスでコンファメーションを点
検する際に、もし普段見かけないような規定が入っていたら、見過ごさ
ず、必ず上司や社内の法務部署等にその可否を相談するべきである。

　　例えば、Mutual Put条項やMark-to-market Currency Swap条項が稀
に記入されることがある。Mutual Put条項とは、取引開始の一定期間
後に当該取引を期限前解約清算する権利を双方が有する旨を定めた規定
である。Mark-to-market Currency Swap条項とは、通貨スワップ取引
において、その金利支払日ごとに、想定元本の時価評価による為替差益・
差損を当事者間で清算する旨を定めた規定である。

（2）コンファメーション中の専門用語（共通事項）

　　本節では、コンファメーションに登場する専門用語について解説を行
う。デリバティブ取引には金利、為替、クレジット、コモディティ、エ
クイティ等、様々な取引種類があり、そのコンファメーションで使用さ
れる専門用語も取引種類によって異なる。以下に記載されているのは、
いずれの取引種類のデリバティブ取引にも共通の専門用語である。

①前書き：適用する定義集の指定、文言解釈の優先順位
　　下記文例はコンファメーションの冒頭の前書きの文章である。

［文例］

The purpose of this letter agreement（this"Confirmation"）is to
confirm the terms and conditions of the Swap Transaction entered
into between us on the Trade Date specified below（the"Swap
Transaction"）. This letter constitutes a "Confirmation"as referred to in

the ISDA Master Agreement specified below.

The definitions and provisions contained in the 2006 ISDA Definitions (as published by the International Swaps and Derivatives Association, Inc.) are incorporated into this Confirmation. In the event of any inconsistency between those definitions and provisions and this Confirmation, this Confirmation will govern.

　まずThe purpose of this letter agreementで始まる段落では、「この レター・コンファメーションは下記のスワップ取引の条件を確認するた めの契約書であり、両当事者間のISDAマスター契約の一部を構成する」 旨が記されている。次にThe definitions and provisionsで始まる段落で は、適用する定義集や文言の解釈の優先順位が記されている。なお、上 記文例では、2006年版定義集の規定内容がコンファメーションに適用 され組み込まれており、もし定義集の規定とコンファメーション（の記 載内容）の間で矛盾が発生した場合には、コンファメーションが優先さ れる。
　上記の文章は紋切り型のものであり、いずれの取引種類のデリバティ ブ取引のコンファメーションにも記載されるので、覚えておいていただ きたい。

②第1段落：依拠するISDAマスター契約の記載
　下記文例はコンファメーションの第1段落の文章である。

［文例］
1. This Confirmation supplements, forms part of, and is subject to, the ISDA Master Agreement dated as of April 1, 2021, as amended and supplemented from time to time（the"Agreement"）, between OXO Bank, Ltd.（"PartyA"）and XOX Bank, Limited（"PartyB"）. All

provisions contained in the Agreement govern this Confirmation except as expressly modified below.

　第1段落には、当該コンファメーションが依拠するISDAマスター契約が規定されている。上記文例では、「このコンファメーションは2021年4月1日付のPartyAとPartyBの間のISDAマスター契約に依拠し、その一部を構成する」旨が記されている。ここで、もし2021年4月1日という日付を2021年4月2日と誤記すると、PartyAとPartyBの間に2021年4月2日付のISDAマスター契約は存在しないので、このコンファメーションとISDAマスター契約の繋がりが切れてしまう。その場合には、両当事者のいずれかがデフォルトした際に、一括清算ネッティングを行っても、このコンファメーションは一括清算ネッティングから漏れてしまう。従って、この日付は絶対に間違えてはいけない訳である。

③第2段落：当該取引のeconomic terms（取引条件）を記入。想定元本、金利、支払日、休日調整規定等
　ここからはeconomic terms（取引条件）の記入文言について解説を行う。

　まずNotional Amount（想定元本）である。金利スワップ取引等のデリバティブ取引はいわゆるオフバランス取引であり、オフバランスとは元本を直接受渡せず、想定元本に対する金利だけを受渡することを意味する。そのため、期中利息の計算元本金額としてNotional Amountをここに記入する。
　但し、通貨スワップ取引は例外である。通貨スワップ取引には異なる2つの通貨の想定元本があり、かつそれら2つの通貨の元本交換（Initial ExchangeおよびFinal Exchange）がある。つまり、通貨スワップ取引にはオンバランス取引に近い面がある。そのため、通貨スワップ取引のコンファメーションには元本交換の記入欄がある。

　元本が徐々に減っていくタイプの取引をアモチ付き取引と言う。例えば、住宅ローン等を毎月返済する場合に、元金と利息を合わせて支払っていくようなタイプであれば、毎月の支払の都度、元金は減っていく。かかる元金が減っていくローンに金利スワップ取引や通貨スワップ取引がセットされている場合には、そのスワップ取引の想定元本もローンの元金と同じタイミングで減っていくことになる。この想定元本が減っていくことをAmortizationと言い、略して「アモチ」とも呼ぶ。

　アモチが付いているスワップ取引の想定元本の記入欄には、下記記入例のような表記を行う。

USD 10,000,000 which shall be amortized in accordance with the"Amortization Schedule"attached hereto as Appendix

　上記の表記に加えて、そのコンファメーションの巻末に、Amortizationによる想定元本の減少の予定表を別紙（Appendix）として添付する。同予定表に沿って想定元本が減っていく旨をここに明記する訳である。

　次にTrade Date（取引日）、Effective Date（取引開始日）、Termination Date（最終期日）を記入する。それらの項目は、文字通りの意味である。なお、前述のとおり、Termination Dateについては、もし休日に該当しても自動的には休日調整されないため、必ず休日調整規定であるBusiness Day Conventionを記入しなくてはならない。

　Calculation Period（計算期間）の定義については、コンファメーションで特段の変更を加えない限り、適用される定義集所定の定義に従う。但し、ISDA制定の定義集では、計算期間の定義が初日を含んで最終日を含まない方式の片端計算となっている点に注意が必要である。

　ちなみに、日本の民法には、計算期間における「初日不算入の原則」があり、初日を含まず最終日を含む方式の片端計算となり、上記のISDA制定の片端計算の方式とは逆になっている。そのため、片端計算

における日数は同じとなるが、もし中途解約が発生した場合には、日数を数え始める起点が違うため、1日分の差が発生する。この差は、国内の顧客（主に事業会社）と和文契約書でローン取引を行い、同ローン取引の金利支払に合わせて金利スワップ取引をISDAマスター契約に基づいて行うようなケースにおいて問題となる。かかる場合には、当該金利スワップ取引のコンファメーション中に、Calculation Periodの定義をローン取引における計算期間の定義と一致させる修正文言を追記して解決を図るべきである。

Business Day（営業日）については、その対象となる都市（休日参照都市）の名前を記入する。例えば、Tokyo and Londonと記入した場合には、東京とロンドンの両方が営業日（休日ではない日）となっている日が当該取引におけるBusiness Dayとなる。

Business Day Convention（休日調整規定）については、Following、Preceding、Modified Followingのいずれかを記入する。金利支払日等が休日に当たった場合に、Followingでは翌営業日にずらし、Precedingでは前営業日にずらし、Modified Followingでは、原則、翌営業日にずらすが、月末を越えて翌月にはずらさず、逆に前営業日にずらす。仮に31日が金利支払日の場合、Followingでは単純に翌月1日にずらし、Precedingでは30日にずらすが、Modified Followingでは、翌営業日が翌月となるため、逆に前営業日の30日にずらす。

Rounding（端数処理）については、金利や金額の端数の処理方法を記入する。コンファメーションで特段の修正を加えない限り、ISDA制定の下記の端数処理ルールに従う。

●金利の端数は、原則、小数点第6位を四捨五入し、第5位までを
　有効数字とする（例: 0.123456→0.12346）。

●金額の端数は、原則、小数点第3位を四捨五入し、第2位までを
有効数字とする（例：米ドル建て金額の場合、0.1 centの桁を四
捨五入し1 centの桁までを残す。但し、日本円、韓国ウォンは小
数点第1位以下を全て切り捨て、ハンガリー・フォリント、チリ・
ペソは小数点第1位を四捨五入。）。

金利の端数は、原則、小数点第6位を四捨五入し、第5位までを有効
数字とする。金利の端数処理は平時には発生しないが、ごく稀に、金利
スワップ取引の変動金利が何らかの理由でrate source pageから取得で
きず、市場参加者より取得した参照金利の平均値を代用金利とするケー
ス等において発生する。

金額の端数処理については、原則、小数点第3位を四捨五入し、第2
位までを有効数字とする。米ドル、ユーロ、英国ポンド等の通貨には、
米ドルの場合はセント、ユーロの場合もセント、英国ポンドの場合には
シリングといった、一つ下の単位があり、それが100集まれば上の単位
に移るという仕組みになっている。そのため、小数点第3位を四捨五入
して第2位まで、例えば、米ドルの場合には0.1セントの桁を四捨五入
して1セントまでを有効数字とする。

しかし、日本円の場合には、円の下の単位である銭は外為相場の表示
では使うが、実際の取引では使わない。従って、円の下の銭の単位は全
部切り捨てとなる。同じように韓国ウォン、ハンガリー・フォリント、
チリ・ペソにおいても、上記の原則とは異なる特殊な端数処理を行う。

なお、端数処理をコンファメーションに記入する場合には、以下のよ
うな記入方法もある。円建て金額の場合には、Chop（切り捨て）また
はRounded down to the next lower whole Japanese Yen（"Kirisute"）
と記入する。米ドル建て金額の場合には、Round（四捨五入）または
Rounded to the nearest cent（with one half cent being rounded up）
（"Shishagonyu"）と記入する。

Calculation Agent（計算代理人、以下CAと略記）は前述のとおり、次回の変動金利、受払利息額等をリコンファームするための確認通知を相手方当事者に発信する責務を負う当事者であり、両当事者のいずれかをCAとしてコンファメーションに記入する。CAには、NDF取引において通貨の交換レートが取得不可の場合の代替交換レートの決定、Mutual Put条項に基づく解約清算金の算出等の重要な役目もあり、その事務負担と責任は大きい。

CAは、通常、両当事者のうちのシステム・インフラがより進んでいる方の当事者が務める。但し、前述のとおり、CAは大きな権限を持つので、下手に相手方当事者にCAの地位と譲ると、相手方当事者に主導権を奪われてしまうため、「PartyA and PartyB jointly」とコンファメーションに記入して、両当事者がCAを共同で務める場合もある。

④第3段落：Account Details（決済口座の詳細）

決済口座の記入方法には、具体的に決済口座の詳細を記入する方法とその市場で一般的に使用している決済システムを記入する方法がある。

前者の場合には、Account with bank（口座がある銀行の名前と支店名）、Account No.（口座番号）、In favor of（口座名義）を下記記入例のように記入する。

［決済口座の詳細の記入例］

Account with bank: OXO Bank, Limited, XOX Branch

Account No.: 123-445566

In favor of: OXOX Company, Ltd.

後者の場合には、例えば、日本市場では外為円決済や日銀ネットといった円決済システムが使用されているので、それを使用する際には下記記入例のように記入する。

［決済システムの記入例］

Through Foreign Exchange Yen Clearing System ("Gaitame Yen Kessai")

Through BOJ Net System（"Nichigin Net"）

⑤第4段落：Offices（取引の記帳店舗）

　この段落には、取引のbooking office、すなわち当該取引をいずれの
店舗で記帳（book）するのかを記入する。例えば、Tokyo Head Office
やNew York Branchといった店舗名をここに記入する。

⑥第5段落：Other Provisions

　Other Provisionsには、特殊な約款を記入する場合に、ここに記入する。
具体的には、Mutual Put条項、Mark-to-market Currency Swap条項、
Relationship Between Parties条項（自己責任原則に関する表明規定）
等である。

—第6章—

コンファメーションの各論

本章では、コンファメーションの各論と題して、金利系デリバティブ取引、為替系デリバティブ取引のコンファメーションに特有の記入事項を、順次、解説する。なお、いずれの取引種類のデリバティブ取引のコンファメーションにも共通する事項については、第5章の解説を参照されたい。

１　金利系デリバティブ取引のコンファメーション

以下、金利スワップ取引、キャップ取引、スワップション取引等の金利系デリバティブ取引のコンファメーションに特有の専門用語のみを解説する。

(1)　金利スワップ取引の専門用語

まず代表的な金利系デリバティブ取引である、金利スワップ取引のコンファメーションで使用する専門用語を解説する。金利スワップ取引は固定金利と変動金利を同じ価値のものとして交換する取引であるため、当然、固定金利の支払当事者と変動金利の支払当事者が存在し、Fixed Amounts（固定金利）とFloating Amounts（変動金利）の記入欄がある（金利スワップ取引の仕組みは第1章の１の (5) の③を参照されたい）。

［Fixed Amounts（固定金利）］
・Fixed Rate Payer（固定金利支払当事者）：PartyA、PartyBの う ち の固定金利を支払う方の当事者を記入。

　　ここでは、PartyA、PartyBのうちの固定金利を支払う方の当事者をFixed Rate Payer（固定金利支払当事者）として記入する。なお、もう一方の当事者は、Floating Rate Payer（変動金利支払当事者）の記入欄に記入されることになる。

・Fixed Rate Payer Payment Date（固定金利支払日）：毎回の固定金

利支払日と休日調整規定を記入。

［記入例］

March 12 and September 12 in each year, from（and including）
March 12, 2010 to（and including）the Termination Date, subject to
adjustment in accordance with the Modified Following Business Day
Convention.

　ここでは、毎回の固定金利支払日と休日調整規定を記入する。上記の記入例では、毎年3月12日と9月12日が固定金利支払日である。但し、2010年3月12日が初回の固定金利支払日で、最終回の固定金利支払日はTermination Date（最終期日）となっている。

　subject to adjustment in accordance with the Modified Following Business Day Conventionという文言は休日調整規定である。同文言を追加することにより、毎回の固定金利支払日とTermination Date（最終期日）がModified Followingに従って休日調整される。なお、第5章の**3**で前述のとおり、Termination Dateについては、休日調整規定が明記されていないと、たとえ休日に該当しても自動的には休日調整されない点に注意が必要である。

・Fixed Rate（固定金利）：固定金利のpercentageを記入。クーポンが固定金額の場合には同固定金額をそのまま記入。

　ここでは、通常、固定金利をX％といった形のpercentageで記入する。但し、稀に固定金利がpercentageではなく、所与のクーポンつまり固定金額（Fixed Amount）の場合がある。かかる場合には、その固定金額をそのまま記入する。

・Fixed Rate Day Count Fraction（固定金利の年日数ベース）：
Actual／365（Fixed）、Actual／360等を記入。

　ここでは、固定金利の年日数ベースを記入する。すなわち、固定金利の利息計算の際の分数の、分子となる計算期間の日数の数え方と分母となる年日数の数え方を定める規定である。記入する頻度が比較的高いのはActual／365（Fixed）とActual／360である。分子のActualは片端計算による実日数であり、実日数は営業日も休日も含めて日数を数える。分母の365（Fixed）とは、閏年を無視して常に1年間を365日と考えて計算することであり、360とは1年間を360日とみなして計算することである。

　Actual／365（Fixed）と類似する年日数ベースにActual／365があるが、両者は全く別の概念である。Actual／365（Fixed）は閏年を無視するが、Actual／365は閏年を計算に入れ、閏年には分母が366日になるので、金利計算の結果も相違する。その点を正しく理解していただきたい。

　なお、前述の毎回のクーポンが固定金額の場合には、Fixed Rate Day Count Fractionには何も記入せず、その記入欄自体を削除するのが通例である。稀に固定金額の場合に30／360（ボンドベース）をFixed Rate Day Count Fractionに記入している事例を見かけるが、固定金額と30／360は類似するが別の概念であるため、かかる記入は誤りである。30／360の概念はやや複雑であるため、ここでの解説は割愛する。その詳細については、筆者の拙著「必携デリバティブ・ドキュメンテーション担保・個別契約書編」の8－17を参照されたい。

［Floating Amounts（変動金利）］
・Floating Rate Payer（変動金利支払当事者）：PartyA、PartyBの　うちの変動金利を支払う方の当事者を記入。

　ここでは、PartyA、PartyBのうちの変動金利を支払う方の当事者

を Floating Rate Payer（変動金利支払当事者）として記入する。なお、もう一方の当事者は、Fixed Rate Payer（固定金利支払当事者）の記入欄に記入されることになる。

・Floating Rate Payer Payment Date（変動金利支払日）：毎回の変動金利支払日と休日調整規定を記入。記入方法は固定金利の場合と同じ。

・Floating Rate Option（変動金利のrate source page等）：変動金利のrate source pageの略号を記入。

　ここには、ISDA制定の定義集に所定の、当該変動金利のrate source pageの略号を記入する。従来は、LIBORが使用されていたので、例えばJPY-LIBOR-BBA、USD-LIBOR-BBAといった2006年版定義集（2006 ISDA Definitions）所定の略号を記入していた。しかし、LIBORを含むIBORのほとんどが廃止され、定義集も2021年版定義集（2021 ISDA Interest Rate Derivatives Definitions）へと改訂されたため、2021年版定義集所定の新しい略号を記入する。略号の詳細は第7章を参照されたい。

・Designated Maturity（変動金利の期間）：変動金利の期間（指定された最終期日までの期間）を記入。

　Designated Maturityとは変動金利の期間である。例えば、3ヵ月

の変動金利であれば、3 monthと記入する。但し、イレギュラーなケース、例えば、初回計算期間のみ1ヵ月で以降は全て3ヵ月の場合には、3 month, provided that 1 month for the first Floating Rate Calculation Period等と記入する。

［参考］odd periodとLinear Interpolation（線形補間）
　初回や最終回の変動金利がrate source pageに表示されない期間（odd period）、例えば、"1ヵ月と10日"といった期間の変動金利の場合には、3 month, provided that Linear Interpolation between 1 month and 2 month for the first Floating Rate Calculation Period（原則、3ヵ月だが、初回の変動金利計算期間は1ヵ月と2ヵ月の線形補間）等と記入する。線形補間とは、この場合において、1ヵ月の変動金利と2ヵ月の変動金利を用いて、日数による比例按分で"1ヵ月と10日"の変動金利を算出することである。

・Floating Rate Day Count Fraction（変動金利の年日数ベース）：
　一般にActual／360を記入。
　　ここでは、変動金利の年日数ベースを記入する。すなわち、変動金利の利息計算の際の分数の、分子となる計算期間の日数の数え方と分母となる年日数の数え方を定める規定である。通常、Actual／360（前述）を記入する。

・Spread（スプレッド）：変動金利に上乗せする調整幅を記入。
　　ここにはスプレッドを記入する。スプレッドとは、変動金利に上乗せする調整幅のことであり、通常、plus 0.05％（plus 5 basis points）等と表記する。マイナスのスプレッドも稀にあり、その場合にはminus 0.05％（minus 5 basis points）等と表記する。

［参考］マイナス金利への対応

　変動金利自体が負数となるか、またはマイナスのSpreadの結果、負数となり、マイナス金利が発生した場合、通常、その絶対値を逆方向に支払う（それをNegative Interest Rate Methodと呼ぶ）。

・Reset Date（変動金利のリセット日）：変動金利がリセットされて新しい金利が適用開始される日を記入。

　従来は、LIBORが前決め金利のため、通常、the first day of each Floating Rate Calculation Period（変動金利の各計算期間の初日）と記入していたが、今後は、新金利指標が後決め金利のため、the final day of each Floating Rate Calculation Period（変動金利の各計算期間の最終日つまり金利支払日当日）と記入するのが一般的となる。

・Compounding（複利計算）：通常、Inapplicable（不適用）を記入。

　ここで言うCompoundingとは、期間6ヵ月の変動金利を6ヵ月ごとに支払わず、年1回の支払日に2回分の金利を孫利息も含めて纏めて支払うような場合における、複利計算を指している。従って、Risk Free Rateであるオーバーナイト金利を複利計算して算出した期間6ヵ月の変動金利であっても、6ヵ月ごとに金利支払を行う場合には、このCompoundingには該当しない。そのため、IBOR廃止によって誕生した新金利指標の変動金利の場合にも、通常、Inapplicable（不適用）を記入する。

　なお、Compoundingの概念やその複利計算の算式はやや難解であるため、ここでの解説は割愛する。その詳細については、筆者の拙著「必携デリバティブ・ドキュメンテーション担保・個別契約書編」の8－18を参照されたい。

・Price Source Conversion（参照ページの各種変更への対応）：特段の

　本規定については、コンファメーション中に記入欄は無いが、ISDA制定の定義集所定の重要な規定であり、同定義集を適用していれば自動的に当該取引とそのコンファメーションに適用される。Price Source Conversionとは、変動金利のrate source pageの名称が変更になった場合に、同rate source pageが記載された既存のコンファメーションを条件変更（アメンドメント）する必要は無く、上記記載を名称変更後の新しいrate source pageに読み替えて対応できる旨の規定である。

　例えば、LIBORのrate source pageは、元々、テレレート社（Telerate）が管理するTelerate 3750 pageであったが、後にテレレート社がロイター社（Reuters）に買収され、Reuters 3750 pageに変わり、更にロイター社がトムソン社（Thomson）と合併してThomson Reuters 3750 pageへと変遷していった歴史がある。情報ベンダー会社の買収や合併等で会社名が変わると、当該rate source page掲載の変動金利は同じでも、同rate source pageの名称が変更となってしまう。かかる場合に既存のコンファメーションを、その都度、条件変更するのは大変な作業であるため、新しいrate source pageの名称と名称変更の開始日が何らかの方法で発表されていれば、読み替えで対応できる訳である。

　このPrice Source Conversionの規定は、新しい2021年版定義集においてもPlanned Replacement of a Benchmarkという題名で継承されている。

・Corrections to Published and Displayed Rates（金利の事後訂正への対応方法）：特段の記入は不要。
　本規定については、コンファメーション中に記入欄は無いが、ISDA制定の定義集所定の重要な規定であり、同定義集を適用してい

れば自動的に当該取引とそのコンファメーションに適用される。ごく稀ではあるが、変動金利が画面上に表示されてから事後訂正されることがある。提供組織が画面に金利を間違えて表示したため、その直後に訂正するケースである。かかる場合に一定時間以内であれば訂正を認めるのが本規定である。

2006年版定義集では、当該変動金利が画面（rate source page）に表示されてから1時間以内に提供組織（情報ベンダー会社）による訂正があった場合には、訂正後の金利への変更が可能としている。2021年版定義集では「予め指定した訂正時限（Correction Cut-off Time）まで、その指定の無い場合には、1時間後と提供組織の指定する訂正時限のうちのより後の時刻まで、訂正が可能」としている。

(2) 通貨スワップ取引の専門用語

次に通貨スワップ取引のコンファメーションで使用する専門用語を解説する。通貨スワップ取引は、異なる通貨建ての元利金の支払を同じ価値のものとして交換する取引である（通貨スワップ取引の仕組みは第1章の**1**の（5）の③を参照されたい）。2つの通貨を交換する点は為替取引に類似しているが、固定金利と変動金利の交換が発生するため、通貨スワップ取引は一般に金利系デリバティブ取引の一種と考えられている。

通貨スワップ取引のコンファメーションに登場する専門用語は、そのほとんどが金利スワップ取引の専門用語と同じである。数少ない相違点は下記の2点である。一つ目は、各通貨ごとの想定元本を記入する点である。二つ目は、取引開始日（Effective Date）と最終期日（Termination Date）に元本の交換があり、交換元本額と交換日を記入する点である。取引開始日の元本交換をInitial Exchange、最終期日の元本交換をFinal Exchangeと呼ぶ。なお、金利スワップ取引と通貨スワップ取引の中間形態の取引とされるクーポンスワップ取引の場合には、元本交換が無いため、Initial ExchangeとFinal Exchangeの記入欄にはNot Applicableと記入する。

(3) キャップ・フロア・カラー取引の専門用語

　本節では、キャップ・フロア・カラー取引のコンファメーションに特有の専門用語について解説を行う。キャップ・フロア・カラー取引は金利オプションであり、その専門用語には金利スワップ取引とは異なる独特のものがある。

・金利オプションとしてのキャップ・フロア・カラー取引

　まずキャップ取引（Cap）、フロア取引（Floor）の仕組みを説明する。下記の図表6－1から図表6－4を参照されたい。キャップ取引では、ローン取引の変動金利が上限金利（Cap Rate）を上回った場合に、ローンの債務者がその差額分を受け取り、フロア取引では、預金取引の変動金利が下限金利（Floor Rate）を下回った場合に、預金の債権者がその差額分を受け取る。要するに、ローン取引や預金取引の金利が変動金利の場合に、その金利変動リスクを一定の水準以下（以上）に抑えるために行うのがキャップ取引、フロア取引である。

<金利キャップ取引の事例>

図表6－1　取引成約時

　A銀行から変動金利ローンを借りているB社がC銀行とキャップ取引を成約（キャップの購入）し、そのプレミアムをC銀行に支払う。

図表6－2　変動金利が上限金利を上回った場合

ローンの変動金利と上限金利の差額をC銀行がB社に支払う。

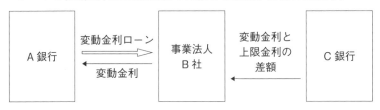

＜金利フロア取引の事例＞

図表6－3　取引成約時

　A銀行に変動金利の預金を預けているB社がC銀行とフロア取引を成約（フロアの購入）し、そのプレミアムをC銀行に支払う。

図表6－4　変動金利が下限金利を下回った場合

　下限金利と預金の変動金利の差額をC銀行がB社に支払う。

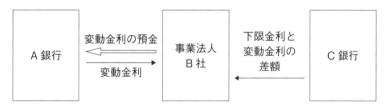

　カラー取引（Collar）とはキャップ取引とフロア取引の組み合わせ取引である。例えば、金融取引における支払金利または受取金利が変動金利である場合に、その金利変動リスクを上限金利と下限金利の範囲内に収める目的で行うのがカラー取引である。実務上、カラー取引の成約は、キャップ取引1件とフロア取引1件をセットの形で同じ当事者間で行う。従って、カラー取引のコンファメーションも、キャップ取引のコンファメーション1個とフロア取引のコンファメーション1個をセットで作成するのが通例である。

　なお、上記の取引の成約時には、金利オプションであるため、オプション（権利）の対価としてプレミアムの支払が発生する。そのため、オプションの買手（Buyer）・売手（Seller）、プレミアムの金額や支払方法等をコンファメーションに記入する必要がある。

・Rate Protection Transaction の種類：Rate Cap Transaction、Rate Floor Transaction の区分を記入。

　前述のような、金利変動リスクを一定の範囲に収める目的で行う金利オプション取引を Rate Protection Transaction と総称し、その内訳として、Rate Cap Transaction と Rate Floor Transaction の区分がある。その区分を各取引のコンファメーションに記入する。なお、カラー取引は、前述のとおり、キャップ取引とフロア取引の組み合せ取引であるため、"Rate Collar Transaction" という専門用語は無い。従って、カラー取引を構成するキャップ取引、フロア取引の各コンファメーションには、それぞれの取引区分として、Rate Cap Transaction、Rate Floor Transaction を記入する。

　但し、Cap Rate、Floor Rate といった専門用語の記入により当該取引がキャップ取引、フロア取引のいずれであるのかの区別は可能であるため、Rate Cap Transaction や Rate Floor Transaction の記入を省略する事例があることを追記しておく。

・初回の変動金利を対象とするか否か：通常、初回の変動金利が Cap Rate（Floor Rate）となり、初回の変動金利は対象外。稀に初回の変動金利も対象とするケースあり。

　キャップ取引やフロア取引においては、初回の変動金利はその対象外とされるのが一般的である。より正確には、初回の変動金利をそのまま Cap Rate や Floor Rate とするのが市場慣行であるため、結果として、初回の変動金利は Cap Rate や Floor Rate と同じ金利となり、その差額が発生せず、対象外の扱いとなる訳である。但し、ごく稀に初回の変動金利をキャップ取引やフロア取引の対象とするケースもある。従って、初回の変動金利を対象とするか否かを記入する必要があ

る。

・オプションの買手は対価として売手にプレミアムを支払う。

　前述のとおり、キャップ取引、フロア取引、両者の組み合わせ取引であるカラー取引は金利オプション取引であるため、差額分の利息を受け取る権利つまりオプションを購入する買手は、その対価として売手にプレミアムを支払う。そのため、コンファメーションには、買手と売手を記入する。

　なお、キャップ取引、フロア取引、カラー取引においては、オプションの購入はすなわちプレミアムの支払であり、逆に、オプションの売却はすなわちプレミアムの受取であり、かつプレミアムは固定金利(より正確には、固定金額を1回のみ受渡する形の固定金利)と同義であり、逆に、差額分の利息は変動金利と同義である。従って、下記の恒等式が常に成り立つ。

固定金利の支払＝プレミアムの支払
変動金利の支払＝差額分の利息の支払
オプションの買手（Buyer）＝プレミアム支払当事者
　　　　　　　　　　＝固定金利支払当事者（Fixed Rate Payer）
オプションの売手（Seller）＝プレミアム受取当事者
　　　　　　　　　　＝変動金利支払当事者（Floating Rate Payer）

　なお、上記の点以外は、キャップ取引、フロア取引、カラー取引のコンファメーションに登場する専門用語は金利スワップ取引と同じである。

(4) スワップション取引の専門用語

　本節では、スワップション取引のコンファメーションに特有の専門用語を解説する。

①スワップション取引とは

　スワップション（Swaption）とは、スワップとオプションを合成した専門用語であり、スワップション取引は金利スワップ取引や通貨スワップ取引を対象取引（Underlying Swap Transaction）とする金利オプション取引である。

　スワップション取引には以下の2種類がある。具体的には、そのオプションを行使すれば金利スワップ取引や通貨スワップ取引が取引開始されるスタータブル・スワップションと、既存の金利スワップ取引、通貨スワップ取引をオプション行使によって解約し終了させるキャンセラブル・スワップション（コーラブル・スワップション）である。またスタータブル・スワップションには、オプション行使による決済の方法に

図表6－5　スタータブル・スワップション

スワップションの取引成約時

オプション行使の結果／Physical Settlement の場合

オプション行使の結果／Cash Settlement の場合

162

Physical Settlement と Cash Settlement がある。図表6－5と図表6－6
を参照されたい。

②スワップション取引であることの明示：下記のような文言を記入。

The Swap Transaction to which this Confirmation relates is a
Swaption, the terms of which are as follows:

　いずれの種類のスワップション取引の場合にも、共通の専門用語とし
て、Swaptionという文言をコンファメーションの冒頭に記載する必要
がある。上記の英文は、「このコンファメーションが関与しているスワッ
プ取引はスワップションであり、その条件は下記の通りである」という
趣旨である。

図表6－6　キャンセラブル・スワップション

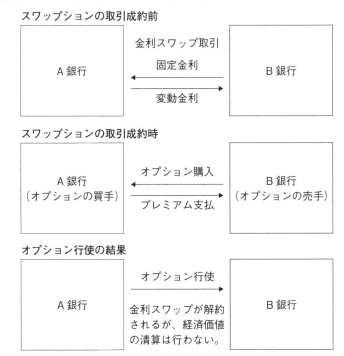

③Swaption Termsの記入：

　　以下、Swaption Termsとしてスワップションの取引条件を記入する。

・Trade Date：スワップション取引の取引成約日を記入。

・Option Style: American、Bermuda、Europeanのいずれかを記入。

　　Option Styleとは、オプションの権利行使のタイミングによる区分であり、American、Bermuda、Europeanの3つがある。そのうちのどれか1つを選んで記入する。なお、Option StyleのAmerican、Bermuda、Europeanは、金利オプションだけではなく、通貨オプションにも共通の概念となっている。

　　権利行使日が特定の1日だけのものをEuropeanと呼ぶ。一定期間内のいずれの日でも、毎日、権利行使が可能なものをAmericanと呼ぶ。一定期間内の複数の特定の日に権利行使が可能なもの（例：半年間に権利行使日が5回ある）をBermudaと呼ぶ。言わば、AmericanとEuropeanの中間形態である。米国から欧州に行く途中にバミューダ諸島が在るため、両者の中間形態をバミューダと呼ぶそうである。

・Seller：当該オプションの売手を記入。

・Buyer：当該オプションの買手を記入。

・Premium：当該スワップション取引のプレミアム金額を記入。

・Premium Payment Date：当該プレミアムの支払日を記入。通常、スワップションの取引成約日の2営業日後の日となる。

・Exercise Business Day：権利行使日に関する営業日を記入。但し、ISDA Settlement Matrixの適用がある場合には、記入不要。

　　Exercise Business Dayとは、文字通り、権利行使日に関する営業日である。但し、通貨ごとの権利行使日の定義が一覧表となっているISDA Settlement Matrixが当該コンファメーションに包括適用されている場合には、記入は不要である。なお、上記のISDA Settlement Matrixは最新版の2021年版定義集（2021 ISDA Interest Rate

Derivatives Definitions) のSettlement Matrixとして継承されている。

④Procedure for Exerciseの記入：

　Procedure for Exerciseとは、権利行使の方法を記入する欄である。権利行使の行使日、行使時刻、権利行使の方法等を詳細に記入する。

・Expiration Date：権利行使の最終日。Europeanでは権利行使日を、Americanでは権利行使期間の最終日を、Bermudaでは複数回ある権利行使日の最終回を、それぞれ記入する。

　Expiration Dateとは、当該オプションの権利行使が可能な最終日であり、もしその日に権利行使をしないと、権利が消滅してしまう。その記入方法はOption Styleによって異なる。Europeanでは、特定の1日の日付を記入する。Americanでは、一定の期間の最終日を記入する。Bermudaでは、複数回ある権利行使日の最終回を記入する。

・Earliest Exercise Time：権利行使日における権利行使可能な時間帯の始期を記入する（例: 9:00 a.m., Tokyo time)。
・Expiration Time：権利行使日における権利行使可能な最終時刻を記入する（例: 3:00 p.m., Tokyo time)。
・Partial Exercise：Europeanで想定元本の一部分を権利行使する方法。通常、Inapplicable（不適用）を記入。

　Partial Exerciseは権利行使の方法の一つであり、Europeanで元本の部分的な行使を認める選択規定である。通常、本規定は選択せず、Inapplicable（不適用）と記入する。Europeanでは、1億円の想定元本であれば、1億円全額を行使するのが通例であり、1億円のうちの5,000万円だけを行使する等といった部分的な行使は行わないからである。

・Multiple Exercise：American、Bermudaで想定元本を複数回に分割
　　　　　　　　　　して権利行使する方法。適宜、選択する。

　　Multiple Exerciseは権利行使の方法の一つであり、Americanまた
はBermudaにおいて、元本を分割して複数回に分けて行使すること
を認める選択規定である。本規定は、適宜、適用する場合がある。適
用の場合にはApplicableと記入する。

・Automatic Exercise：権利行使日の権利行使時刻に買手にとって
　　　　　　　　　　　Threshold以上の含み益（In-the-money）であ
　　　　　　　　　　　れば、買手から売手への権利行使通知が無くと
　　　　　　　　　　　も、自動的に権利行使されたとみなされる規定。
　　　　　　　　　　　通常、Inapplicable（不適用）を記入。

　　Automatic Exerciseは権利行使の方法の一つであり、権利行使日
の権利行使時刻において、当該オプションが買手にとってIn-the-
moneyつまり含み益が出ている状況で、かつその含み益がThreshold
以上の金額である場合には、行使通知を発信しなくても自動的に権利
行使が行われる旨の選択規定である。

　　本規定には事務省力化のメリットがあり、またIn-the-moneyであっ
たにも拘らず、権利行使を失念した場合の救済措置の意味合いもある。
但し、一般的には適用せず、Inapplicable（不適用）を記入する。そ
の理由は、例えば、スタータブル・スワップションにおいて、もし権
利行使して金利スワップ取引が始まると、その取引期間が長いため、
相手方の信用が悪化している場合には、たとえIn-the-moneyであっ
ても、敢えて権利行使を行わないという選択も有り得るからである。

・Fallback Exercise：権利行使の失念の際の救済規定。一定の条件を
　　　　　　　　　　満たせば、本規定は自動適用される。

　　Fallback Exerciseは権利行使の方法の一つであり、行使通知を失
念した場合の救済規定である。Automatic Exerciseとは若干異なるが、
一定の条件を満たす場合には、救済措置として、もし行使通知を失念

しても、権利行使が認められる旨の選択規定である。本規定は、原則、適用されるが、適用したくない場合にはInapplicable（不適用）と記入すれば良い。

・Written Confirmation：権利行使の通知後、同通知をバックオフィス間で書面にて確認する選択規定。通常、Applicable（適用）を選択する。

⑤Settlement Termsの記入：権利行使を行った結果、対象取引をいかなる形で実行するかについての規定を記入する。

　Settlement Termsとは、スワップション取引における権利行使の結果の実現方法であり、Settlementの直訳で決済方法と一般に呼ばれる。決済方法にはPhysical SettlementとCash Settlementの2つがあるが、後述のとおり、スタータブル・スワップションでは両者のいずれかを選択して記入し、キャンセラブル・スワップションでは選択の余地無くCash Settlementを記入する。

　Physical Settlementの場合には、権利行使を行うと、オプションの対象取引（Underlying Swap Transaction）である金利スワップ取引（通貨スワップ取引）が取引開始される。それに対して、Cash Settlementの場合には、オプションの対象取引である金利スワップ取引（通貨スワップ取引）が取引開始されるのではなく、対象取引を時価評価した現在価値（経済価値）を現金で清算して取引終了となる。但し、その場合の清算は、上記の現在価値がオプションの買手にとって含み益の場合にのみ、清算金が売手から買手に支払われ、含み損の場合には何も支払わないで取引終了となる。なお、Cash Settlementの現在価値の計算の方法のうち、Cash Priceという方法の定義が2021年版定義集で大幅に変更されている（詳細は第7章の**3**の（4）を参照）。

［スタータブル・スワップション取引のSettlement Terms］

　下記のいずれかを選択して記入する。

・Physical Settlement

・Cash Settlement

［キャンセラブル・スワップション取引のSettlement Terms］

　既存の対象取引を解約するオプションであるため、Physical Settlementは有り得ないので、選択の余地無くCash Settlementを記入する。但し、スタータブル・スワップションにおけるCash Settlementとは異なり、キャンセラブル・スワップションでは解約清算金の支払は発生しないので、コンファメーションには形式的にCash Settlementを選択記入し、かつInapplicable（解約清算金の支払は無し）と記入する。

⑥キャンセラブル・スワップション取引の特有の規定：

　キャンセラブル・スワップション取引（以下CSTと略記）に関連するOptional Early Terminationという規定がある。同規定はCSTだけではなく、Mutual Put条項とも兼用の規定になっている。同規定は、金利スワップ取引や通貨スワップ取引の中途解約の手続や解約清算金の算定方法等を詳細に定めた規定であり、解約権をオプションの買手のみが有する場合はCSTとなり、解約権を両当事者が有する場合がMutual Put条項となる。

　CSTの場合には、通常の金利スワップ取引や通貨スワップ取引のコンファメーションの最後の段落にOptional Early Terminationの規定を追記する。それによってキャンセラブル・スワップションを当該取引に設定することとなる。CSTでは、権利行使を行えば、解約清算金の受払無しで取引終了となるため、Settlement Termsの記入欄にはCash Settlementを記入し、かつInapplicableを記入する。

② 為替系デリバティブ取引のコンファメーション

　本節では、為替系デリバティブ取引のコンファメーションに特有の専門用語について解説を行う。本来、為替取引はデリバティブ取引ではない。すなわちスポット為替取引とフォワード為替取引はデリバティブ取引ではないが、その応用取引である通貨オプション取引やNDF取引はデリバティブ取引である。しかし、それらの取引の専門用語やコンファメーション様式は、すべて1998 FX and Currency Option Definitions に掲載されているため、本書では、説明の便宜上、それらの取引を為替系デリバティブ取引と総称する。

(1) 為替取引の専門用語

　まず為替取引のコンファメーションを解説する。為替取引の場合、実務上、コンファメーションはレターでは作らず、SWIFT MT300等の電子通信システムによる電子コンファームで簡単に済ませるのが通例である。しかし、ここでは、1998 FX and Currency Option Definitions所定の為替取引のコンファメーション様式に沿って、その記入事項を解説する。

・Trade Date：取引成約日を記入。
・Reference Currency：売買の対象となる通貨を記入。
・Reference Currency Notional Amount：売買の対象となる通貨の金額を記入。
・Reference Currency Buyer：当該通貨の買手を記入。
・Reference Currency Seller：当該通貨の売手を記入。
・Settlement Currency：当該通貨の売買の代金決済に用いる通貨を記入。
・Settlement Rate：当該通貨の売買に用いる為替レートを記入。
・Settlement：資金決済の方法として、Deliverable、Non-Deliverable のいずれかを記入する。通常、Deliverableを記入。

2つの通貨の現金を実際に受け渡す、通常の為替取引の場合には、必ずDeliverableを記入するが、売買の対象となっている通貨の現金の受渡を行わず、他の通貨による差金決済を行うNDF取引、NDO取引の場合には、Non-Deliverableを記入する。

・Settlement Rate Option：上記為替レートのrate source pageを記入。
・Valuation Date：当該為替レートの決定日を記入。

　なお、前述のSWIFT MT300（注）等による電子コンファームによって、当該為替取引の取引成約日、購入する通貨、売却する通貨、その為替レート、買手、売手、資金決済日だけを確認することをconfirming evidenceと呼ぶ。第5章の**1**の（3）で前述のとおり、かかるconfirming evidenceを正式のコンファメーションとみなし、ISDAマスター契約に依拠させるためには、"Schedule Part 6"と呼ばれる専用規定をISDAマスター契約に追加する必要がある（第4章の**5**の（2）参照）。
（注）MTはMessage Typeの略。

（2）通貨オプション取引の専門用語

　本節では通貨オプション取引に特有の専門用語を解説する。但し、通貨オプション取引のうち、バニラ・オプションと呼ばれる単純な通貨オプションについては、実務上、為替取引と同様に、レターによるコンファメーションを作成せず、SWIFT MT305等の電子通信システムによる電子コンファームで簡単に済ませるのが通例である。しかし、ここでは、1998 FX and Currency Option Definitions所定の通貨オプション取引のコンファメーション様式に沿って、その記入事項を解説する。

　バニラ・オプションの場合には、1998 FX and Currency Option Definitions所定の下記の事項をコンファメーションに記入する。
・Trade Date：取引成約日を記入。
・Commencement Date：通常はTrade Dateと同じ日のため、記入は

不要だが、異なる日の場合には記入する。

AmericanやBermudaでは行使期間の始期の意味となる。

・Buyer：オプションの買手を記入。

・Seller：オプションの売手を記入。

・Currency Option Style：American、European、Bermudaのいずれかを記入。

　ここで記入するAmerican、European、Bermudaの意味は、前述のスワップション取引におけるAmerican、European、Bermudaと同義である。

・Currency Option Type：通貨売買の組合せを記入。例：USD Call／JPY Put（米ドル買い／日本円売り）

・Call Currency Amount：購入する通貨の金額を記入。

・Put Currency Amount：売却する通貨の金額を記入。

　通貨オプション取引では、買いをコールと、売りをプットと、それぞれ呼ぶ。例えば、米ドル買い／日本円売りのオプションであれば、Currency Option TypeにはUSA Call／JPY Putと記入し、Call Currency AmountにはUSDを、Put Currency AmountにはJPYを、それぞれ記入する。

・Strike Price：行使価格を記入。

　Strike Priceとは行使価格の意である。通貨オプション取引とは、当事者間で予め決めた価格すなわち行使価格で対象通貨を一定期間後に買う権利または売る権利の売買である。通貨自体の売買ではなく、通貨を特定の価格で買う権利、売る権利の売買が通貨オプション取引である（その詳細は第1章の**1**の（5）の②を参照されたい）。従って、当事者間で予め決めた行使価格をここに記入する。

・Expiration Date：行使日を記入。Europeanでは特定の日を、Americanでは行使期間（Exercise Period）を、Bermudaでは複数回の行使日（Specified Exercise

Date）を、それぞれ記入。

　ここで記入するAmerican、European、Bermudaにおけるその行使日の意味は、前述のスワップション取引におけるAmerican、European、Bermudaの各行使日と同義である。

・Expiration Time：行使時刻を記入。例: 3:00 p.m., Tokyo time
・Latest Exercise Time：行使日における最終行使時刻を記入。通常、Expiration Timeと同じ時刻となる。
・Automatic Exercise：自動行使規定は原則として適用。行使日の行使時刻に買手にとって1％以上の含み益（In-the-money）であれば、行使通知なしで行使とみなされる。

　前述のスワップション取引ではAutomatic Exerciseを適用しないのが一般的だが、通貨オプション取引においては、Automatic Exerciseを適用するのが一般的である。この違いは、スワップション取引と通貨オプション取引の取引期間の長短に起因すると推察される。スワップション取引では、行使の結果、対象となる金利スワップ取引等が取引開始されると、その取引期間が5年〜10年と長いため、その間に取引相手が倒産するリスクが懸念される。そのため、取引相手の信用リスクを考慮して、行使・不行使を判断するべく、Automatic Exerciseを不適用とする事例が多い。それに対して、通貨オプション取引はその取引期間が、通常、3ヵ月から1年と比較的短いため、その間に取引相手が倒産するリスクは低く、取引相手の信用リスクを考慮して不行使を選択するケースは想定されず、In-the-moneyであれば行使するのが通例のため、Automatic Exerciseが原則として適用される。

　また通貨オプション取引は、1日に数十件も成約される程、取引件数が多いため、ついうっかり行使通知を忘れるという失念リスクが高い。行使通知の失念の際の救済措置として、適用排除の意思表示が無い限り、Automatic Exerciseが自動的に適用される旨が1998 FX and

Currency Option Definitionsに規定されている。但し、Automatic Exerciseを管理するシステムの構築が困難等の理由からAutomatic Exerciseを適用排除する場合には、Inapplicableと記入する。

・Settlement Date：行使の結果、発生した為替取引の資金決済日を記入。通常、行使日の2営業日後の日。

・Premium：当該オプションのプレミアムの金額を記入。

・Premium Payment Date：当該プレミアムの支払日を記入。従来は、取引成約日の2営業日後の日が通例であったが、現在では、Settlement Dateと同じ日とするのが通例。

　プレミアムの支払日は、従前（2008年より前）は、通常、取引成約日の2営業日後の日であった。しかし、サブプライムローン問題やリーマン・ショックを契機として、2008年頃よりプレミアムの支払日を権利行使日の2営業日後の日に後寄せするのが市場慣行となっていった。プレミアムの支払日が取引成約日の2営業日後の日の場合、オプションの買手はプレミアムをその日に支払い、行使日までずっと待ち続けることとなり、もしその間に売手が倒産すれば、買手はオプションを行使できず、かつプレミアムの払戻も不可となるリスク、いわゆるプレミアムの先払いリスクを負うことになる。そのリスクを回避すべく、プレミアムの後払いが徐々に普及し、今日ではプレミアムを権利行使日の2営業日後に支払うのが一般的である。

　本節の冒頭で前述のとおり、取引の仕組みが単純なバニラ・オプションの場合には、実務上、レターによるコンファメーションを作成せず、SWIFT MT305等による電子コンファームで済ませる。それをconfirming evidenceと呼ぶ。第5章の**1**の（3）で前述のとおり、かかるconfirming evidenceを正式のコンファメーションとみなし、かつISDAマスター契約に依拠させるために"Schedule Part 6"と呼ばれる専用規定をISDAマスター契約に追加する（第4章の**5**の（2）参照）。

他方で、取引の仕組みが複雑なエキゾチック・オプションの場合には、通常、レターによるコンファメーションを作成する。エキゾチック・オプションの内訳には、バリア・オプション、バイナリー・オプション、アベレージ・オプション、コンパウンド・オプション、ルック・バック・オプション等があるが、その取引の仕組みの詳細については、筆者の拙著「必携デリバティブ・ドキュメンテーション　担保・個別契約書編」を参照されたい。エキゾチック・オプションのコンファメーション様式や専門用語の定義は、バリア・オプション、バイナリー・オプションについては、2005 Barrier Option Supplement to the 1998 FX and Currency Option Definitionsに、アベレージ・オプションについては、September 2019 Averaging Supplement to the 1998 FX and Currency Option Definitionsに、それぞれ規定されているが、コンパウンド・オプション、ルック・バック・オプション等については、ISDA制定の定義集に規定が無く、不統一の状況である。

―第7章―

新定義集2021 ISDA Interest Rate Derivatives Definitionsの概略

■1 2006 ISDA Definitionsからの主な改訂点

　以下、本節では2021年10月4日に制定された新定義集である2021 ISDA Interest Rate Derivatives Definitions（2021年版定義集）の概略と旧版の2006 ISDA Definitions（2006年版定義集）からの主な改訂点を解説する。

　但し、結論から言えば、2021年版定義集は2006年版定義集に比べて、その内容はそれほど大きく変わってはいない。2021年版定義集にLIBOR等に代わる新しい金利指標の定義（Floating Rate Option）が掲載されたことは確かに大きな変化と言えるが、それはLIBOR等の廃止という市場慣行の変化をそのまま反映したものであり、それ以外の記載項目においては、定義集が劇的に変わった訳ではない。また、後述のとおり、2021年版定義集から、定義集の形態が紙製の冊子から電子媒体に切り替わったが、それはあくまでも形態の変更であり、その記載内容の変更ではない点を理解されたい。

（1）2021年版定義集の概略

　2006年版定義集と2021年版定義集の相違点を説明する前に、まず2021年版定義集の概略を解説する。

　第一に2021年版定義集は2006年版定義集を改訂した後継定義集であるということだ。これは確かに重要な点である。2006年版定義集は今でも有効だが、今後、その改訂は行われなくなるので、当然、その内容は古くなっていく。他方で、2021年版定義集は、新金利指標の定義の改変に伴い、既に頻繁に改訂されている。従って、今後、新規に取引を成約する際には必ず2021年版定義集を使用しなくてはならない。

　更に、デリバティブ取引を仲介するブローカー（短資会社）、成約後の電子コンファームを行うMarkitWire等のベンダー、相対成約したデリバティブ取引の清算集中を行うJSCC、LCHといった中央清算機関においても、2021年12月から2022年1月にかけて、そのシステムで使用

する専門用語の定義を2006年版定義集準拠から2021年版定義集準拠に、順次、切り替えている。従って、2021年版定義集を使用しないと、デリバティブ取引の成約、コンファーム、清算集中といった日常業務にも支障を来すことになる。

　但し、2006年版定義集を適用している既存取引については、同取引が最終期日を迎えるまでその取引条件は継続されるため、2006年版定義集が使用できない訳ではなく、同取引条件の一部としての2006年版定義集の適用はそのまま有効である。つまり2021年版定義集が制定されたからといって、旧版の2006年版定義集を適用している既存取引が、自動的に2021年版定義集の適用へと変更される訳ではない。従って、2006年版定義集が適用されている既存取引について、そのまま2006年版定義集を使用することも可能であり、契約条件の変更（アメンドメント）を行い、2021年版定義集を適用することも可能である。すなわち、その選択は各当事者のビジネス判断に任せられている。その点は正しく理解しておいていただきたい。

　なお、後述のとおり、2021年版定義集は紙製の冊子ではなく、My Libraryという専用サイトで電子的に発行（その改訂版も同サイトで発行）される点にも注意が必要である。ISDAは、この機会に既存の各種定義集も、順次、電子媒体化していく方針を示してり、2021年版定義集はその先駆けである。

(2) 2006年版定義集から2021年版定義集への主な改訂点

　2006年版定義集から2021年版定義集への主な改訂点は下記の①〜⑥の点である。

①紙の冊子から電子媒体への移行

　2006年版定義集から2021年版定義集への改訂で大きく変わったのは、定義集が、ペーパレス化すなわち電子化されたことである。2021年版定義集はISDAのホームページ中のMy Libraryという専用サイトにおいて電子ファイルとして発行された。従前の2006年版定義集や他の種

類の定義集は、全て紙製の冊子として発行されていたが、2021年版定義集は完全な電子版となった。また2021年版定義集に何か変更があった場合には、その改訂版は電子画面上に掲示される。部分的な追補版であるSupplementを発行するのではなく、改訂箇所を含めた全面改訂を毎回行い、各版をVersion 1、Version 2、Version 3といった形で、前の版からの改訂箇所を明示して、画面上に掲示していく訳である。

　ちなみに、2006年版定義集では、改訂の都度、Supplement（追補版）を発行していた。Supplementは既に90個以上もある。従って、2006年版定義集の最新の内容を確認する際には、紙の冊子で発刊された2006年版定義集の現物を持ってきて、それに90個以上あるSupplementの全部をISDAのホームページからダウンロードする必要があった。それでは非常に不便であるため、2021年版定義集ではSupplementを発行せず、改訂の発生の都度、定義集自体を全面改訂し、かつその修正履歴で改訂箇所を明示する方式に変更となった次第である。

　なお、個々の取引への2021年版定義集の適用については、当該取引の成約時点でのバージョンが適用されるので、後日、改訂が発生して新しいバージョンが登場しても、自動的に新しいバージョンの2021年版定義集が同取引に適用される訳ではない。その点は、旧版の2006年版定義集において、当該取引の成約時点で既に発行されていたSupplementだけが同取引に適用されるのと同じ仕組みである。

　My Libraryについて補足説明を行う。My Libraryは有料サイトであり、そこに掲示されている2021年版定義集を閲覧するには、ISDA加盟組織であるか否かを問わず、My Libraryの年間使用料をISDAに支払う必要がある（但し、ISDA加盟組織には年間使用料の割引特典がある）。ISDAは、今後、既存の紙製の冊子で発行した各種定義集についても、順次、電子媒体化して、My Libraryに掲示していく予定である。
②Main Bookと計5個の各種Matrixで構成
　2021年版定義集は、本体であるMain Bookと下記の計5個の各種

Matrix で構成されている。

・Floating Rate Matrix

・Settlement Matrix

・Currency/Business Day Matrix

・Mark-to-Market Matrix

・Compounding/Averaging Matrix

　　Main Book には様々な手続や金利の算出方法等が掲載されており、変動金利の rate source page 等の変更や改訂が頻繁に発生する事項については、各種 Matrix の方に掲載されている。例えば、Floating Rate Matrix は変動金利の一覧表であり、Settlement Matrix はスワップション取引等の Cash Settlement（現金による清算）の計算方法等を規定しており、Mark-to-Market Matrix は想定元本を利息支払日ごとに時価清算する通貨スワップ取引の清算方法を規定している。

③Floating Rate Option の定義の変更

　　LIBOR 廃止により新たに登場した金利指標の定義を規定している。その詳細は後述する。

④Calculation Agent 規定の変更

　　Calculation Agent（計算代理人）の役割や責務が若干変更されている。その詳細は後述する。

⑤営業日の定義の変更

　　各国・地域の専用の営業日の定義等が追加されている。その詳細は後述する。

⑥Cash Settlement 規定の変更

　　スワップション取引等の Cash Settlement（現金による清算）の計算方法が変更されている。詳細は後述する。

　　以上が今回の改訂のポイントである。

2 LIBOR廃止後の主な新金利指標の仕組みとその定義

(1) LIBORからRisk Free Rateへの移行

・移行の経緯

　2006年版定義集が2021年版定義集へと全面改訂された切っ掛けは、もちろんLIBOR廃止であるが、LIBORからRisk Free Rateと呼ばれる新しい各種金利指標への切替が行われた経緯を概説する。

　2012年に欧州系の銀行がLIBORの不正操作を行っていたことが発覚した。LIBORは、従前より、在ロンドンの主要銀行が提示する預金金利の参照レート（Reference Rate）を基に英国銀行協会（British Bankers' Association）により決定されていた。ところが、参照レートを提示する銀行の何社かにおいてディーラー同士が通謀して自分に都合の良いレートを提示する不正操作が行われていたことが発覚した。当然、大問題となり、刑事罰も科され、LIBORの信用が失墜してしまった。

　そこで、LIBORの決定プロセスを厳格化しようというLIBOR改革が始まった。しかし、紆余曲折の末、結局、2017年に英国の監督官庁であるFCA（Financial Conduct Authority）がLIBOR廃止を決断した結果、LIBOR廃止が決定した。それは大きな衝撃であった。50年以上前から国際金融取引における世界標準の金利指標として使用されていたLIBORが無くなってしまうからだ。LIBOR廃止はデリバティブだけでなく、ローンや債券等の様々な取引に影響する。そこからLIBORに代わる新しい金利指標を探すための大変な作業が始まった。

　LIBOR廃止が決定した結果、LIBORに類似した各国・地域の金利指標（例えば、東京ではTIBOR、シンガポールではSIBOR、香港ではHIBOR等）についても、廃止や改革を迫られることとなった。LIBORを含むそれらの金利指標は、いずれもその名称にIBORという

文字が含まれているため、「IBOR（アイボーと発音）」と総称され、かつその廃止や改革を総称して「IBOR廃止」とか「IBOR改革」等と呼ばれるようになった。

・Risk Free Rate（RFR）とは

　　かかる中で、Risk Free Rateと呼ばれる、金融機関の信用リスク等を反映せず、リスクが極小化された金利（例：無担保コールのオーバーナイト金利等）をIBORに代わる新金利指標とすれば良いのでは、ということになり、2021年の12月頃からRisk Free Rateへの移行が始まった。

・新金利指標の算出方法

　　IBORに代わる新金利指標（Risk Free Rate）は、一般にオーバーナイト金利を基に当該期間の複利計算によって算出する。要するに、オーバーナイト金利とは取引期間が一日（一晩）だけの金利であり、例えば、期間6ヵ月のLIBORに代わるレートを作るには、オーバーナイト金利を複利計算で6ヵ月間もロールオーバーして算出する必要があり、その計算がかなり面倒なものとなる。但し、かかる複利計算については、トムソン・ロイターやブルームバーグ等の情報ベンダーが出来上がった金利を画面に表示してくれるため、自分で計算する必要は無く、その計算ロジックだけを理解しておけば良い。

　　なお、新金利指標は、日々のオーバーナイト金利を複利計算して算出する性質上、後決め金利となる。周知のとおり、LIBORは当該金利計算期間の初日の2ロンドン営業日前に決定する前決め金利であったが、新金利指標は当該金利計算期間の最終日の当日またはその直前の日に決定される。

・主な新金利指標

　　2021年末頃にLIBORが廃止されたとは言え、全ての通貨のLIBOR

が同時に消滅した訳ではなく、しばらく続くLIBORもあり、現状は過渡期である。他方でLIBORに代わる新金利指標も発展途上であり、まだまだ様々な議論や切替のための経過措置が予想されるが、一応、現時点で登場している主な新金利指標は下記のとおりである。

図表7－1

各通貨の LIBOR	その新金利指標	左記新金利指標の算出方法
米ドル LIBOR	SOFR（Secured Overnight Financing Rate／ソーファー）	米国債担保のオーバーナイトのレポ金利を基に算出。
英国ポンド LIBOR	SONIA（Sterling Overnight Index Average／ソニア）	英国ポンドの無担保オーバーナイト金利を基に算出。
EURIBOR	ESTR（Euro Short-Term Rate ／エスター）：	ユーロ建て無担保オーバーナイトの借入金利を基に算出。
スイスフラン LIBOR	SARON（Swiss Average Rate Overnight／サロン）	スイスフラン建てレポ取引のオーバーナイト金利を基に算出。
円LIBOR	TONA（Tokyo OverNight Average rate／トナー）	無担保コールのオーバーナイト金利の複利計算によって算出（TONARと同義）。

　米ドルのLIBORの場合にはSOFR（ソーファー）という金利に切替わる。英国ポンドのLIBORの場合にはSONIA（ソニア）という金利に切替わる。事実上、ユーロのLIBORに相当するEURIBORの場合にはESTR（エスター）という金利に切替わる。スイスフランのLIBORの場合にはSARON（サロン）という金利に切替わる。円のLIBORの場合にはTONA（トナー）という金利に切替わる。但し、TONAは既存の金利であるTONARと同じものである。TONAR（トナー）は無担保コールのオーバーナイト金利を加重平均して算出する金利であり、従来よりCSA（担保契約書）に基づく現金担保の付利金利として一般に使用されていた。今般、何故か、その表記からRが取れてTONAと表記するのが正式名称となった。

　なお、米ドルのSOFRの対抗馬としてAMERIBOR（アメリボー）

という金利があり、また円のTONAについてもTORF（トーフ）という別の金利が出てくる等、現状では、各国・地域でLIBORに代わる新金利指標が乱立しており、メジャーな金利とマイナーな金利が併存している。今後、userによる選別によって自然淘汰され、新金利指標が徐々に一本化されていくものと推察される。

(2) 2021年版定義集におけるFloating Rate Optionの定義の変更

ここでは、2021年版定義集におけるFloating Rate Optionの定義の表記方法や内容の変更について解説を行う。

2021年版定義集では、Floating Rate Optionの命名ルールを制定し、その名称を統一的なネーミングに変更した。その命名ルールとはCurrency-Rate Name-Functionであり、当該変動金利の通貨（Currency）、名称（Name）、算出方法等（Function）をハイフンでつなぐ形で命名を行う。例えば、米ドルのSOFRの30日間の平均レートであればUSD-SOFR Average 30Dという名称となる。またユーロのESTRの1ヵ月間の平均レートであればEUR-EuroSTR Average 1Mという名称となる。更に円のTONAの30日間の平均レートであればJPY-TONA Average 30Dという名称となる。

Floating Rate Optionの命名ルールを制定した背景には、2006年版定義集では、各情報ベンダー会社が独自に命名したrate source pageの固有名称（例：ロイターの○○ページ、ブルームバーグの○○ページ等）がそのままFloating Rate Optionの名称として定義集に掲載されていたため、情報ベンダー会社の合併や社名変更等があると、その都度、定義集を変更する必要が生じ、管理に手間が掛かったことへの反省がある。そのため、Floating Rate Optionの名称から情報ベンダー会社命名の固有名称を排除し、ISDA制定の命名ルールに基づく統一的な名称へと変更した訳である。

前述のとおり、2021年版定義集では、その本体であるMain Bookには、LIBORに代わる新金利指標をオーバーナイト金利から算出するメカニ

183

ズム等の総論を規定し、新金利指標の各論いわゆる Floating Rate Option は別冊の Floating Rate Matrix に記載されている。また 2006 年版定義集では各金利指標の定義が文章で規定されていたが、同 Floating Rate Matrix では各金利指標の定義が文章ではなく、表（マトリックス）によって規定されている。

Floating Rate Matrix の記載事項はかなり詳細であり、その内訳項目は下記のとおり①から⑭まである。それらの項目が表（マトリックス）に掲載されている。

①Floating Rate Option：金利指標（変動金利）の名称が上記命名ルールに従って掲載されている。

②Category／Style：通常、Category には Screen Rate、Style には Overnight Rate、Published Average Rate 等が掲載されている。

③Underlying Benchmark：変動金利の算出方法が掲載されている（例：The 30-day compounded average of TONA）。

④Designated Maturity：オーバーナイト金利のため、期間が無ので、通常、Not Applicable と掲載されている。

⑤Fixing Time：変動金利の決定時刻が掲載されている。

⑥Fixing Day：変動金利の決定日が掲載されている。通常、Reset Date 当日またはその X 営業日前の日。

⑦Applicable Business Day：変動金利決定に適用される営業日が掲載されている（例：TONA の場合には Tokyo Business Day）。

⑧Correction Cut-off Time：金利が画面（screen）に表示されてから訂正可能な時限が掲載されている。通常、As per Section 4.11（Corrections）と掲載。

当該変動金利が情報ベンダー会社によって rate source page の画面に一旦表示された後、誤表示等の理由により、一定の時間内に訂正された場合は、訂正を認めるという規定であるが、それについて Cut-off Time

を新しい概念として設けた。但し、As per Section 4.11（Corrections）とあり、具体的には記されておらず、Section 4.11には「各当事者間でCut-off Timeを決め、それに従う。もし決めていなかった場合には、1時間後の時刻か情報ベンダー会社が決めた訂正時限のうちのより遅い方の時間まで訂正を許す」旨が規定されている。新しい規定だが、あまり実務的ではないかもしれない。

⑨ Administrator：変動金利を決定する組織が掲載されている（例：TONAの場合はBank of Japan）。

⑩ Floating Rate Day Count Fraction：変動金利の年日数ベースが掲載されている（例：Actual／360等）

⑪ Applicable Fallback Rate：市場の混乱による金利取得不可の場合の代用金利の決定方法が掲載されている。

　いわゆるフォールバックの規定であるが、純粋に市場の混乱が原因でレートが出なかった場合の代用金利の決定方法が掲載されている。

⑫ Temporary Non-Publication Trigger／Temporary Non-Publication Fallback：IBOR改革に伴い暫定的に金利取得不可となる事態とその代用金利の決定方法が掲載されている。

⑬ Permanent Cessation Trigger／Permanent Cessation Fallback：IBOR改革に伴い恒久的に金利取得不可となる事態とその代用金利の決定方法が掲載されている。

⑭ Administrator/Benchmark Event／Administrator/Benchmark Fallback：法令上の理由により金利取得不可となる事態とその代用金利の決定方法が掲載されている。

　今、正に進行している、LIBOR等を廃止してRisk Free Rateに切替えるIBOR改革の結果、一時的にそのレートが出なくなった場合が⑫であり、恒久的にそのレートが無くなった場合が⑬であり、各場合の代用金利の決定方法が規定されている。⑭は、監督官庁、政府がその変動金利の使用禁止を決定した場合における代用金利の決定方法が規定されている。⑫、⑬、⑭と三段階のフォールバックが規定されている訳である。

（3）既存取引における LIBOR 等の新金利指標への変更

　LIBOR 等が廃止されて、新しい金利指標が導入されて以降に新規に成約する金利スワップ取引等においては、当該新金利指標を取引に用い、そのコンファメーションに 2021 ISDA Interest Rate Derivatives Definitions を適用すれば良い。しかし、既存の金利スワップ取引等において、LIBOR 等が使用されており、かつコンファメーションに旧版の 2006 ISDA Definitions が適用されている場合には、新金利指標への切替に際して、ドキュメンテーションの変更が必要となる。

　かかる変更には以下の 3 つの方法がある。

①専用のプロトコルを ISDA のホームページ上にて多数当事者間で採択する方法

　ISDA 2020 IBOR Fallbacks Protocol、ISDA 2021 Fallbacks Protocol といった、LIBOR 等の廃止に伴う新金利指標への切替に必要な規定を追加する約款を ISDA が用意している。それらのプロトコル（追加約款）を、専用の採択書（Adherence Letter）に署名したものを ISDA のホームページにアップロードすることによって、多数当事者間で採択する。その結果、同プロトコルを採択した当事者間においては、既存取引のコンファメーションに必要な規定が追加され、LIBOR 等が新金利指標に変更されたとみなされる。この方法は、通常、取引相手の数が多い場合（数十社～数百社程度）に事務省力化の観点から用いられる。

　この方法を行えば、下記の②、③の方法に比べて、変更に要する体力と時間が大幅に節約できる。但し、その採択に際して、採択手数料を ISDA に支払う必要があり、またプロトコルは画一的な約款であり、その文言の変更は不可のため、異例な条件の取引には対応できない難点がある。

②上記の専用のプロトコルを二者間で締結し既存取引に包括適用する方法

　上記プロトコルを ISDA のホームページで採択せずに、二者間でアメンドメント契約を締結し、それによって当事者間の既存取引に同プロトコルを包括的に適用する方法である。この方法は、取引相手の数が比較

的少ない場合（数社〜10社程度）に行われる。相応の手間は掛かるが、ISDAに採択手数料を支払う必要が無い点と、文言の変更によって異例な条件にも機動的に対応できる点にメリットがある。

③個別の取引のコンファメーションに対して金利指標等の条件変更を行う方法

　個々の取引のコンファメーションの1件ごとについて、二者間で個別に金利指標等の条件変更（アメンドメント）を行う方法である。この方法は、上記①や②の方法では対応できないような極めて異例な条件の取引の場合にケース・バイ・ケースで行われる。異例な条件に対して臨機応変に対応できる点、ISDAにプロトコル採択手数料を支払う必要が無い点がメリットだが、かなりの手間を要する点がデメリットである。

❸　主要な専門用語の定義における新旧定義集の相違点

　上記2.の節で2021年版定義集のIBOR改革に関する改訂箇所や変更点を解説した。しかし、それ以外の変更点にはさしたるものは無い。この節では、IBOR改革関連以外の変更点について解説を行う。

（1）Calculation Agent 規定の変更

　まずCalculation Agent（以下CAと略記）規定の変更である。2021年版定義集において、CAの担当業務の範囲を2006年版定義集の具体的な限定列挙から「取引に関する各種決定」という抽象的かつ汎用的な規定に変更している（第4章の❹の（5）、第5章の❷の（3）参照）。

　その結果、CA規定が変更になったと大騒ぎしているようだが、実質的にはさほど変わっていない。2006年版定義集では、CAの担当業務を、取引における次回の変動金利の確認、次回の受払金額の確認等と具体的かつ詳細に規定していた。2021年版定義集ではCAの担当業務を「取引に関する各種決定」という抽象的かつ汎用的な表現に変更したが、その

意味は2006年版定義集所定のCAの担当業務を一言で要約したものに過ぎない。従って、上記変更によって、一見、担当業務の範囲が広がったかのように見えるが、実質的にはほとんど変わっていない。

また、2021年版定義集では、CAの行動基準が2006年版定義集所定の「商業的に合理的な方法（in a commercially reasonable manner）」から「商業的に合理的な結果を得るための商業的に合理的な手続（commercially reasonable procedures to produce a commercially reasonable result）」に変更されている。「商業的に合理的な方法」が「商業的に合理的な結果を得るための商業的に合理的な手続」に変更されたと話題になっているが、両者の間にいかなる違いがあるのかは不明確である。単なる言葉遊びの域を出ておらず、実質的に何も変わっていないように思える。

また2021年版定義集ではCAのNo Fiduciary Dutyが追加され、CAは両当事者の受託者（fiduciary）や助言者（adviser）として行動しない旨が明記された。しかし、同規定はごく当然のことを記した確認規定に過ぎず、同規定の追加によって大きな変化があったとは思えない。

CAに関して、もう一つ騒ぎになっているのがCalculation Statementの交付義務の追加である。Calculation Statementとは、CAが取引に関する何らかの金額を決定した場合に、取引相手から要求があれば、その根拠を記した計算書を交付することである。Calculation Statementが新しいアイテムとして設けられたとのことで、大騒ぎになっているようだ。しかし、かかる計算書の交付は従来から行っているものである。例えば、次回の受払金額の確認やMutua Put条項による解約清算金の算定の際には、通常、CAは取引相手にその根拠を示す。従って、Calculation Statementの交付義務の規定は、従来、実務上の慣行で行っていた計算書の交付が義務化されただけであり、実務上、従前の事務フローから実質的に変更は無い。

(2) 営業日の定義の変更

次は営業日の定義の変更である。その概要は下記のとおりである。

・Business DayとBanking Dayの併用を廃止し、Business Dayに統合。

2006年版定義集ではBusiness DayとBanking Dayが混在していたが、2021年版定義集ではBusiness Dayという表記に統一した。

・Currency Business Dayの新設：当該通貨の主要市場における営業日の意。

・Publication Calendar Dayの新設：当該金利指標の独自の営業日の意。

Currency Business Day、Publication Calendar Dayといった各通貨専用、当該金利指標専用のBusiness Dayを新設した。

・New York Fed Business Dayの定義の修正：Fedwire、Securities Service、Fedwire Funds Serviceの全てが稼働している日の意。その点を明確化。

・NYSE Business Dayの定義の修正：ニューヨーク証券取引所の営業日の意。若干の文言変更はあるが、実質的に変更なし。

ニューヨークでの資金決済に関する営業日であるNew York Fed Business DayとNYSE Business Dayの定義は2006年版定義集にも有る。しかし、2006年版定義集所定の定義に曖昧な点があったため、それを解消するべく、修正により定義を明確化した訳である。

・Abu Dhabiの営業日の定義の拡充（Abu Dhabi Settlement DayとAbu Dhabi Business Dayの新設）：

UAE（アラブ首長国連邦）の首都アブダビの営業日は、現在、月曜日から金曜日の午前中まで（2021年12月までは日曜日から木曜日であった）であるが、土曜日には現地通貨UAEディルハムの資金決

済が可能という複雑なものである。そこで、資金決済における営業日であるAbu Dhabi Settlement Dayと業務における営業日であるAbu Dhabi Business Dayを区分けして定義した訳である。

・Hong Kong Business Daysの新設：香港の営業日の意。台風による休業日を反映。

　香港では、夏から秋にかけて台風の襲来で市場が臨時休業となる機会が多いため、それを定義に盛り込んでいる。

(3)　Business Day Conventionの定義の変更

　上記のBusiness Dayの定義の変更とともに、Business Day Convention（休日調整規定）も下記のとおり変更されている。但し、Unscheduled Holidayの定義が追加されたこと以外は、周辺的な変更であり、大きな変更とは言えない。

・**Unscheduled Holiday の新設**：2営業日前迄に予告されていない休日や市場閉鎖の意。

　為替系デリバティブ取引の定義集である1998 FX and Currency Option DefinitionsにはUnscheduled Holidayの定義があるが、金利系デリバティブ取引の定義集である2006年版定義集には無い。それが不便であったため、2021年版定義集で追加した訳である。

・**No Adjustment Business Day Conventionの新設**：休日調整を行わない場合に記載。

　何らかの理由により、Payment Date（金利支払日）等の休日調整を行わない場合に適用する規定を追加したものだが、実務では使用する機会は乏しいと思われる。

・**Period End Dateの休日調整**：Payment Dateとは別個に休日調整が可能。

　Payment Date（金利支払日）の休日調整規定とは別に、Calculation Period（金利計算期間）の最終日すなわちPeriod End Date専用の休日調整規定を追加したものだが、通常、Payment DateとPeriod End Dateは一致するため、実務では使用する機会は乏しいと思われる。

・**IMM Datesの新設**：オーストラリアドル、カナダドル、ニュージーランドドルの先物取引のIMM Dateを追加。

　オーストラリアドル、カナダドル、ニュージーランドドルの金融先物取引の限月に関する休日調整規定として、IMM Datesを追加した。

・**End of Month Conventionの新設**：取引期間中の各月の最終暦日を意味。

　Payment Dateが月末日の取引における休日調整規定を追加した。

・**Adjustment Hierarchyの新設**：休日調整規定の重複の際の適用優先順位を規定。

　特定の取引において複数の休日調整規定が重複適用された場合における適用優先順位を定めたものだが、かかる状況は基本的に発生しないため、あまり実務的な規定ではない。

（4）Cash Settlement規定の変更

　最後にCash Settlement規定の変更を概説する。具体的には、Cash Settlement方式のスワップション取引（第6章の**1**の（4）参照）、Optional Early Termination（Mutual Put条項）等における解約清算金の算出方法の変更である。かかる解約清算金の算出方法の一つに、Cash Priceという方法がある。Cash Priceは2006年版定義集にも規定されているが、極めて分かりにくく曖昧な規定だったため、2021年版定義集において、より分かり易い規定に変更した訳である。

　2021年版定義集では、Cash Priceを下記①〜⑤の5つのパターンに区

分けして規定している。

①Mid-market Valuation（Indicative Quotations）：

　市場仲根評価に基づくReference Bank（参照銀行）からの最低2個以上のクォーテーションを取得し、その算術平均により算出。

②Mid-market Valuation（Calculation Agent Determination）：

　市場仲根評価に基づいてCalculation Agent（計算代理人）が算出。

③Mid-market Valuation（Indicative Quotations）-Alternate Method：

　各当事者が3社のReference Bankを選択し、クォーテーション提示を依頼する以外は①と同じ算出方法。

④Replacement Value（Firm Quotations）：

　再構築評価に基づくReference Bankからの最低2個以上のクォーテーションを取得し、その算術平均により算出。

⑤Replacement Value（Calculation Agent Determination）：

　再構築評価に基づいてCalculation Agentが算出。

　上記①、②、③は仲値による評価だが、④と⑤は再構築コストの算定による評価である。仲値による評価は中立的なものとなるが、再構築コストの算定には信用リスクが加味されるため、Reference Bankごとに再構築評価は微妙に異なるものとなる。

　上記のCash Priceの規定については、どのようにして実務に落とし込んでいくのかが今後の課題と言えよう。

　なお、Reference Bankからクォーテーションを取得する際にはISDA制定のTemplate Quotation Request Formと呼ばれる書式があるので、同書式を使ってクォーテーションの提示を依頼すれば良い。同書式中にはCSA（担保契約書）の有無の選択記入欄がある。担保の有無によって評価レートが異なってくることから、Cash Priceの算出方法にCVA（Credit Value Adjustment）の概念を取り入れている訳であり、その点は新しい動きと言えるだろう。

―第8章―

ISDA Credit Support Annex の概要

以下、本章ではISDA制定のCredit Support Annexを中心とするデリバティブ取引に関する担保契約書の概要を解説する。

1 Credit Support Annexとは？

・正式名称はISDA Credit Support Annex。

　1990年代前半に米銀がデリバティブ取引に関する各社独自の担保契約書を導入する動きがあった。かかる動きに応える形で、1994年から1995年にかけてISDAが下記のCredit Support Annex（以下CSAと略記）を制定し、デリバティブ担保契約書の様式の統一化を図った。

・デリバティブ取引に関する担保取引を行うためのISDAマスター契約への追加契約書。

　CSAはISDA制定の担保契約書様式であり、かつISDAマスター契約に付随する契約書であるため、必ずISDAマスター契約とセットで使用する。非ISDA様式のマスター契約（基本契約書）の担保契約書としてCSAを使用することはできない。

・その準拠法には、ニューヨーク州法、英国法、日本法があり、主に下記の4様式を使用。

　1994 ISDA Credit Support Annex（Security Interest–New York Law）（以下NY CSA）

　1995 ISDA Credit Support Annex（Transfer–English Law）（以下UK CSA）

　1995 ISDA Credit Support Annex（Security Interest–Japanese Law）（以下1995 JP CSA）

　2008 ISDA Credit Support Annex（Loan/Japanese Pledge）（以下2008 JP CSA）

（注）JP CSAには1995年版と2008年版があるが、両者の差異は小さいため、両様式を総称して、以下"JP CSA"と表記する。

但し、後述のとおり、クロスボーダー取引においては、異なるCSA様式を2個組み合わせた形で締結するのが通例であり、実務はやや複雑となる。

・CSAは標準書式部分と個別規定部分で構成。
　　標準書式部分: Paragraph 1–12（UK CSAの場合はParagraph 1–10）
　　個別規定部分: Paragraph 13（UK CSAの場合はParagraph 11）
　　CSAの標準書式部分はISDAマスター契約の本文部分に、CSAの個別規定部分はISDAマスター契約のスケジュール部分（特約記入欄）に、それぞれ相当する。

２　CSAの法律構成

・NY CSAを米国の会社間で締結する場合の法律構成は、NY CSA所定のニューヨーク州法上の質権（Pledge）となる。
　　ニューヨーク州法上の質権は、質権設定者（質物の所有者）の同意があれば、質権者が質物を第三者に転質、貸付、換金処分することが可能であり、期日に同種同量のものを質権設定者に返還すれば良いという特殊な質権であり、その経済効果は消費貸借に類似している。但し、米国以外の国では、かかる柔軟な質権は認められないため、NY CSAをクロスボーダー取引で使用するには難がある。
・UK CSAを欧州の会社間で締結する場合の法律構成は、UK CSA所定の英国法上の権利譲渡（Title Transfer）となる。
　　英国法上の権利譲渡とは、法的な性質は質権等の担保物権ではなく、あくまでも担保となる財物の譲渡による所有権移転に過ぎない。但し、譲渡の目的は担保取引であるため、被担保取引の含み損益の変化によ

り不要となった担保は相手方より返還（反対譲渡）される。英国法上の権利譲渡は単純な譲渡であるため、各国・地域の現地の法律と矛盾抵触する可能性が低いので、UK CSAはクロスボーダー取引で使用される機会が多い。

・JP CSAを日本の会社間で締結する場合の法律構成は、JP CSA所定の日本民法上の①質権または②消費貸借・消費寄託のいずれかを選択する。

　日本法上の質権にはニューヨーク州法上の質権のような柔軟性が無く、質権設定に確定日付による対抗要件を必要とし、質物の転質が困難であり、担保授受を機動的に行えない難点がある。そのため、JP CSAに選択規定として質権が定められているが、通常は、消費貸借・消費寄託を法律構成として選択する。消費貸借・消費寄託は、ローン取引や預金取引と同じ法律構成であり、日本国内での担保取引には馴染み易い。

　但し、実務上は、2個のCSA様式を折衷する形でCSAを締結するケースが多い。1個のCSA様式で完結できるのは、上記のとおり、米国内取引、欧州諸国（および旧英国領諸国）の域内取引、日本国内取引といった両当事者が同一の法律に依拠して担保取引が可能な場合に限られる。例えば、日本の金融機関と米国の金融機関がCSAを締結する場合には、日本の金融機関が日本の財物を担保として差し入れる目的ではJP CSAを使用し、逆に米国の金融機関が米国の財物を担保として差し入れる目的ではNY CSAを使用するため、JP CSAとNY CSAを合体させた混合様式のCSAを締結するのが一般的である。

③　2008 JP CSAの概要

　前述のとおり、CSAには複数個の様式があるが、その代表例として2008 JP CSAの標準書式部分と個別規定部分（Paragraph 13）の概要を

本節で解説する。なお、本節では、Paragraph を Para と略記する。

(1) 2008 JP CSA の標準書式部分

Paragraph 1. Interpretation（解釈）

文言の解釈の優先順位、Obligor（担保差入当事者）と Obligee（担保受入当事者）の定義を規定。

［参考］担保差入当事者と担保受入当事者は、NY CSA では Pledgor と Secured Party と、UK CSA では Transferor と Transferee と、それぞれ呼ばれる。

Paragraph 2. Security Transaction（担保取引）

担保取引の法律構成として、消費貸借・消費寄託と質権が規定されている。

［参考］JP VM CSA（後述）では、法律構成は消費貸借のみ。

Paragraph 3. Credit Support Obligations（担保受渡義務）

Exposure（被担保取引の時価評価額）から当方の Threshold（無担保限度額）を控除し、かつ当方の Independent Amount（独立担保額）を加算し、先方の Independent Amount を控除した額を Credit Support Amount（必要担保額）と呼ぶ。Credit Support Amount と Posted Credit Support（前日の担保残高）の差額が Minimum Transfer Amount（最低受渡担保額）以上であれば、その日の担保受渡金額となる。

Independent Amount とは、被担保取引に通貨スワップ取引やクレジット・デリバティブ取引といったボラティリティ（価格変化率）の激しい取引が多く含まれる場合に、価格変化による Exposure の急増に対処するべく、Exposure の多寡に関係なく上積みされる担保の意である。他方で、Threshold は、各当事者の信用力に応じて、一定の金額までの無担保での取引を許容する限度額である。

［参考］VM CSA（後述）には Independent Amount と Threshold が無く、Credit Support Amount の概念も無い。

Paragraph 4. Conditions Precedent, Transfer Timing, Calculations and

Substitutions（前提条件、担保引渡時期、計算および担保差替）

(a) 相手方当事者にEvent of Default等が発生していないことを担保授受の前提条件とする。

(b) 担保物の受渡の時期を規定。

(c) 担保物の評価やExposureの計算方法を規定。

(d) 担保差替の手順を規定。

Paragraph 5. Dispute Resolution（紛争の解決）

担保受渡金額や担保物の評価額が両当事者間で異なる場合の解決策を規定。

Paragraph 6. Holding and Using Posted Collateral（保有担保物の保管および利用）

(a) 消費貸借構成の場合における、受領担保物の処分（売却）について規定。

(b) 質権構成の場合における、受領担保物の保管時の注意義務の程度を規定。

(c) 担保授受にカストディアンを使用する際の注意点を規定。

(d) 質権構成の場合における、受領担保物の転質、対抗要件の具備に関する規定。

(e) 債券担保のクーポンと現金担保の利息の決済方法を規定。

Paragraph 7. Events of Default（期限の利益喪失事由）

ISDAマスター契約のSection 5 (a) (iii) (1) のCredit Support Defaultについて、その猶予期間を定め、より具体化する規定。

Paragraph 8. Certain Rights and Remedies（特定の権利および救済手段）

Non-defaulting Partyによる担保実行の方法を規定。ISDAマスター契約で自動的期限前終了の適用の場合には、自動相殺による実行となる。

Paragraph 9. Representations（表明）

担保授受を阻害する事象の無いことを表明する規定。

Paragraph 10. Expenses（費用）

(a) 各当事者は自身に発生した費用等を負担する。

(b) 保有担保につき公租公課等が発生した場合、担保差入当事者が
負担する。

(c) Defaulting Partyは、Non-defaulting Partyが期限前解約や担保
実行に要した費用（弁護士費用等）を請求があり次第、合理的な
範囲で支払う。Defaulting Party不在の場合には、両当事者で費
用を折半して負担する。

Paragraph 11. Miscellaneous （雑則）

(a) 遅延利息に関する規定

(b) & (c) 担保の保全、対抗要件の具備等に必要な手続等の協力義
務に関する規定

(d) 債務の履行を誠実かつ商業的に合理的な方法で行うべき旨を定
めた規定

(e) 請求および通知に関する規定（Para 13で指定が無い場合、ISDA
マスター契約のSection 12所定の方法に従う）

(f) Para 13に記載する事項をコンファメーション等の別の文書に記
載することも可能である旨を定めた規定

(g) 準拠法（日本法）と裁判管轄（東京地裁の非専属管轄）の指定
に関する規定

Paragraph 12. Definitions （定義）

本2008 JP CSAに登場する専門用語の定義を規定。

(2) 2008 JP CSAの個別規定部分

個別規定部分であるParagraph 13の内訳は下記のとおり。

(a) Security Interest for "Obligations" （「被担保債務」についての担保権）

本2008 JP CSAの被担保取引に当該ISDAマスター契約に依拠する取
引以外の取引を含める場合に、ここに記入できる。通常、Not
Applicable（該当なし）を記入。

(b) Credit Support Obligations （担保受渡義務）

(i) Delivery Amount, Return Amount and Credit Support Amount：

差入担保額、返還担保額、必要担保額の定義についての変更の有無を記入。変更無しの場合、Para 3 所定の定義に従う。決済途上の担保を加除する場合あり。

(ii) Eligible Collateral：担保物とする金融資産とその担保掛目を記入。

例：担保物：円現金、JGB／担保掛目：現金担保については100％、債券担保については、非清算集中店頭デリバティブ取引の証拠金規制（マージン規制）が適用されない場合には任意の掛目を記入できるが、マージン規制が適用される場合には同規制所定のヘアカット率（※）を100％から引いた率を記入。

（※）通貨ミスマッチによる8％ヘアカットが追加適用される可能性あり。

(iii) Other Eligible Support：物的担保以外の担保（例：商業信用保証状）の記入が可能。通常、None と記入。

(iv) Thresholds：

（A）Independent Amount（独立担保額）：通常、ゼロまたはnone を記入。

（B）Threshold（無担保限度額）：マージン規制（前述）の適用が有る場合はゼロまたはNone を記入。マージン規制の適用が無い場合は各当事者の信用格付に応じて変化する金額を記入する。

（C）Minimum Transfer Amount（最低受渡担保額、以下MTA と略記）：マージン規制の適用の有る場合は上限額の範囲内の金額（注）を記入。マージン規制の適用の無い場合は、通常、1億円（USD 1 million）前後の金額を記入。

（D）Rounding（端数処理）：通常、百万円またはUSD 10,000 を記入。

（注）マージン規制では、VM CSA と IM CSA の MTA の合計額が7千万円、USD 0.5 million 等の上限額以内に収まる必要がある。

(c) Valuation and Timing（評価とその時期）

(i) Valuation Agent：Exposure（被担保取引の時価評価額）、担保金額等の時価評価・計算を行う当事者を指定。通常、担保請求当事者を指定（一方当事者や第三者を指定することも可能）。

(ii) Valuation Date：Exposure や担保金額の計算を行う日を記入。原則、日次。但し、マージン規制が適用される場合は、必ず日次となる。

(iii) Valuation Time：

Exposure や保有担保物の時価評価額を算出する基準時刻（いつ時点の時価を使用するのか）を記入。通常、Valuation Date の前営業日（取引成約日）の営業終了時。

(iv) Notification Time：担保請求の最終時限を記入。通常、東京時間の日中。

(d) Conditions Precedent and Obligee's Rights and Remedies（前提条件および担保受入当事者の権利と救済手段）

ISDA マスター契約所定の Termination Event のいずれかを Specified Condition（追加の担保実行事由）に指定可。

(e) Substitution（担保差替）

(i) Substitution Date：担保の差替時の、当初の担保の返戻時期を記入。変更無しの場合、担保受入当事者が差替担保を受領した日の3営業日以内の日まで。

(ii) Consent：担保差替を行う際の、担保受入当事者の同意の要否を記入。通常、「同意は必要」と記入するが、「同意の不当な留保は不可」との条件を追記。

(f) Dispute Resolution（紛争の解決）

(i) Resolution Time：担保物の時価評価額や Exposure の計算に係る紛争の解決時限を記入。

(ii) Value：担保物の時価評価額に関する紛争発生時の、再評価の方法を記入。

(iii) Alternative：Para 5所定の紛争解決方法以外の解決方法を、適宜、記入。最近は、Non-Dispute Band（両当事者の算定額の差額が一定額以内であれば、その中間値を決定金額とする規定）の記載を避ける傾向あり。

(g) Holding and Using Posted Pledging Collateral (担保物の保有と運用)

(i) カストディアンの指定とカストディアンが満たすべき条件を記入。

(ii) 質権構成の受領担保の運用を行わない旨を確認。

(h) Distributions and Interest Amount (配当物および利息金額)

(i) Interest Rate：現金担保に関する付利金利を記入。円現金の場合、TONAを記入。

(ii) Transfer of Interest Amount：現金担保の利息を毎月1回まとめて支払う日を記入。

(iii) Alternative to Interest Amount：その他の利払方法を記入可（例：利息を現金の代わりに債券で支払う等の方法）。

(i) Additional Representation（s）(追加の表明)

追加で必要な表明規定を記入。通常、追加記入せず。

(j) Other Eligible Support and Posted Other Support (その他の適格担保とその他の保有担保)

その他の担保物（例：商業信用保証状）の評価方法、決済方法を記入可。通常、記入せず。

(k) Demands and Notices (請求と通知)

両当事者の担保管理に関する連絡先（CMUの住所連絡先）を記入。CMU（Collateral Management Unit）とは担保管理を担当している部署の意。

(l) Addresses for Transfers (担保物の決済口座)

両当事者の担保決済口座の詳細を記入。To be advised from time to timeと記入する例も多い。

(m) Other Provisions (その他の条項)

その他の規定を記入可（例：担保物への差押に関する規定等）

４ 適格担保物とは？

CSAの担保物として使用する財物には、その価格が安定しており、その流動性が高く（その取引量が多く）、その信用リスクが低いものが求められる。具体的には下記のような財物が担保物として一般に使用される。

・NY CSAの場合：米国債、米ドル現金
・UK CSAの場合：欧州諸国の国債、ユーロ現金
・JP CSAの場合：日本国債（JGB）、円現金

その他にも、国際機関の債券、民間企業の社債、抵当証券、株式等も担保物として想定されるが、それらの使用例は少ない。

５ 担保オペレーションの概要

本節では、担保オペレーションの概要を通常のCSAに基づいて解説する。通常のCSAとVM CSAにおける担保オペレーションの相違点については、適宜、補足説明を行う。

(1) エクスポージャーの概念

必要担保額の算出の根拠となるエクスポージャー（Exposure）とは、CSAを締結している一方当事者の他方当事者に対する信用リスク額（与信または受信）の総合計である。すなわち取引の時価評価の結果、含み益（勝ちポジション）つまり与信が発生している取引もあれば、逆に含み損（負けポジション）つまり受信が発生している取引もあるが、それらの取引の含み損益を合計した結果がエクスポージャーとなる。図表8－1を参照されたい。

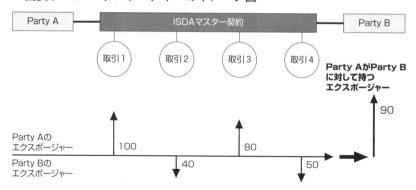

図表8-1 エクスポージャーのイメージ図

（2）Credit Support Amount（必要担保額）の算出

　　　Credit Support Amount とは、次の算式によって算出される金額である。

［算式］

Credit Support Amount＝①＋②－③－④

　　①取引相手に対するエクスポージャー額（与信状態の場合は正数、受信状態の場合は負数）

　　②取引相手に適用される Independent Amount（独立担保額／常に正数）

　　③当方に適用される Independent Amount（常に正数）

　　④取引相手に適用される Threshold（無担保限度額／常に正数）

　　但し、「①＋②－③－④」の結果が負数となった場合はゼロとみなす。

　　上記算式の概念をイメージ図で表すと下記のようになる。図を見れば、より理解し易い。

Credit Support Amount	
取引相手に対するエクスポージャー額	取引相手に適用される Independent Amount
当方に適用される Independent Amount	取引相手に適用される Threshold

　各取引相手に対するエクスポージャー額を時価評価システムで算出し、その金額をCMU（担保管理部署）の担保管理システムに転送する。担保管理システムには取引相手ごとのIndependent Amount（独立担保額）とThreshold（無担保限度額）が事前に登録されており、取引相手ごとのエクスポージャー額が転送され次第、取引相手ごとのIndependent AmountとThresholdが上記の算式に沿って加除され、各取引相手のCredit Support Amountが自動的に算出される。CMUではValuation Date（評価日）の朝一番でこの作業を行う。

(3) Delivery AmountまたはReturn Amountの算出

　前述のCredit Support Amount（必要担保額）が正数の場合、更に以下の算式により、実際に受け渡す担保額であるDelivery Amount（差入担保額）またはReturn Amount（返還担保額）が決定される。

・Delivery Amount＝Credit Support Amount − Posted Credit Support
（Credit Support Amount＞Posted Credit Supportの場合を想定）

・Return Amount＝Posted Credit Support − Credit Support Amount
（Posted Credit Support＞Credit Support Amountの場合を想定）

　上記の算式中のPosted Credit Support（UK CSAではPosted Credit Balance）とは「前回までのマージンコール（担保請求）で当方が保有している担保物」の意味である。

　算出したDelivery AmountやReturn AmountがMinimum Transfer Amount（最低受渡担保額）以上の場合には、その金額の端数処理を行い、担保の授受を行う。Delivery AmountやReturn AmountがMinimum Transfer Amount未満の場合には、金額としては算出するが、それに基づく担保の受渡義務は発生しない。

（注）VM CSAにおいては、ThresholdとIndependent Amountの概念が無いため、エクスポージャー額とPosted Credit Supportの差額がDelivery AmountやReturn Amountとなる点に注意が必要である。

(4) 最終的な受渡金額の確定

　上記の作業工程によって算出されたDelivery AmountやReturn AmountがMinimum Transfer Amount以上の額であった場合には、担保決済に向けて、以下の加工工程を経て、最終的な受渡金額が確定する。

・担保掛目：担保物が現金の場合には、通常、担保掛目は100％だが、債券の場合には、その残存期間の長さに応じて、99％〜90％程度の担保掛目となる（注）。担保掛目が100％未満の場合には、Delivery AmountやReturn Amountを担保掛目で割り算し、更に端数処理を行い、実際の受渡金額を算出する。

　　例：Delivery AmountがUSD 10,000,000／担保掛目が98％の場合の受渡金額はUSD 10,000,000を0.98で除した額USD 10,204,081.63の端数処理後の金額となる。

　　　　（注）マージン規制に基づく変動証拠金（VM）、当初証拠金（IM）に債券を供する場合には、その担保掛目はマージン規制で定められた割合とされる。

・通貨転換：CSA中の金額はBase Currency（基準通貨）で表示されるが、Base Currencyが米ドルで担保物が円現金や日本国債である場合には、Delivery AmountやReturn Amountを米ドルから円に転換（両替）し、更に端数処理を行い、実際の受渡金額を算出する。

・端数処理：端数処理の方法は現金担保と債券担保で異なる。現金担保の場合には、一般に、有効数字がUSD 1,000程度であり、Delivery Amountの場合には切り上げ処理を、Return Amountの場合には切り捨て処理を、それぞれ行う。債券担保の場合には、例えば、日本国債では5万円、米国債では1万米ドルといった最小券面単位があるため、Delivery AmountやReturn Amountを最小券面単位までの端数処理を行う必要がある。

(5) 担保請求（マージンコール）

　上記の作業工程を経て実際に差入（または返還）を行う担保額が決定

される。本節では、図表8−2のイメージ図を用いて、その作業工程と担保請求を時系列で整理してみる。但し、説明の便宜上、Valuation Time（評価時刻）をValuation Date（評価日）の前営業日の17:00とし、Notification Time（通知時限）をValuation Dateの翌営業日の13:00とする。また、担保物に日本国債を使用しており、担保移動のための支払指図（注文）を発した日（つまり担保請求を行った日）の3営業日後に決済（注）が行われることを前提とする。

図表8−2　担保請求の事務フローのイメージ図／担保物が日本国債の場合

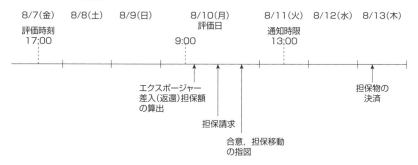

上記のイメージ図では8月10日（月）がValuation Dateである。CMU（担保管理部署）のスタッフは8月10日の朝、出勤して来て、担保管理システムから前営業日である8月7日（金）の17:00時点での既存取引全体の時価評価額を基にエクスポージャー額を算出し、かつThreshold、Independent Amountを考慮して、必要担保額を算出する。更に、算出した必要担保額から8月7日の17:00時点での保有担保物の時価評価額を差し引きして、Delivery Amount（またはReturn Amount）を算出（端数処理を含む）する。

通常、これら一連の算出作業は8月10日の午前中には完了する。従って、担保請求の通知時限であるNotification Timeは翌営業日の8月11日（火）の13:00だが、早々と8月10日の午前中または午後一番で担保請求を相手方に通知することができる。この担保請求通知を俗にマージンコール通知と呼ぶ。もしDisputeが発生しなければ、それで担保請求

は有効に成立し、3営業日後の8月13日（木）には担保物が決済される。

　もしDisputeが発生したり、何らかの問題が発生して、担保請求の通知がNotification Timeである8月11日の13:00を過ぎて相手方に到着した場合には、8月10日をValuation Dateとする担保請求とはならず、翌営業日である8月11日をValuation Dateとする担保請求とみなされて、担保物の決済も1営業日後にずれ込み、8月14日（金）となってしまう。

（注）2022年現在では、日本国債の受渡は取引成約日（発注日）の2営業日後の日に行われるのが通例となっている。またマージン規制に基づく変動証拠金（VM）としての担保物の授受は、一般的に担保請求を行った日の当日中の授受が求められる（国・地域によって微妙な差異あり）。日本国債の上記の決済慣行ではマージン規制を満たせないため、VMには円現金を担保物として使用するのが通例である。

(6) 異例な担保オペレーション

　担保オペレーションにおける異例事務について解説を行う。

・Dispute処理：

　マージンコール通知で相手方に提示した担保授受額が、相手方の想定していた金額と大幅に相違する際にDispute処理が行われる。Dispute処理は、CSAの規定上では、まず双方の主張する金額のうちのより小さい方の金額（いわゆるundisputed amount）の担保を授受し、差額部分については、取引明細の照合（いわゆるリコンサイル）を行い、その原因を究明して解決を図るものとされている。しかし、実務上は、undisputed amount相当の担保の授受のみで済ませるか、または差額が予め当事者間で定めている許容範囲（いわゆるNon-Dispute Band）内であれば、その中間値を確定値として授受するといった簡便法が行われている。

・担保差替：

　既に相手方に差し入れている担保物を他の財物に差し替える（例：

債券から現金への差替または異なる銘柄の債券への差替等）場合がある。特に多い事例としては、債券のクーポン発生日が近づくと、クーポンの処理を回避するべく、他の銘柄の債券に差し替えるケースである。担保差替については、CSAの原文では差替担保の受領後、その3営業日以内に元の担保を返還する旨の規定となっているが、実務では差替担保の差入と元の担保の返還を同時に行うべく、その旨の修正規定をCSAに追加する場合が多い。

・担保受渡の不履行：

担保の差入や返還が不履行となった場合には、ISDAマスター契約のSection 5（a）（iii）（1）所定のEvent of Default（Credit Support Default）に該当する可能性が高い。しかし、CSAにその猶予期間が規定されており、督促通知が届いてから猶予期間のうちに当該不履行が解消すれば、遅延利息の支払義務は発生するが、Event of Defaultには該当しない。また実務上、遅延利息の請求も行わない場合が多い。

(7) マージン規制に関する論点

・Valuation Date（評価日）の頻度：

マージン規制の適用されないCSAにおいては、Valuation Dateの頻度は週次（weekly）が一般的であった。加えて、その一週間の途中でエクスポージャーが急増した場合の備えとして、Ad Hoc Callと呼ばれる臨時の担保請求を行う権利をCSAに追記するのが通例であった。しかし、マージン規制導入後は、同規制により担保評価・更新の頻度が日次と定められているため、VM CSAやIM CSAにおけるValuation Dateの頻度は選択の余地無く日次とされている。

・Threshold（無担保限度額）のゼロ化：

マージン規制の適用されないCSAにおいては、Thresholdはゼロではなく、その金額が当該当事者の信用格付に比例して増減する条件が一般的であった。しかし、マージン規制導入後は、同規制により、VM CSAについては、Thresholdは常にゼロ（そのため、VM CSA

にはThresholdの記入欄自体が無い）とされ、IM CSAについては、当該企業グループ全体のThresholdの合計が5,000万ユーロ（5,000万米ドル、70億円）以内とされている。

・Independent Amount（独立担保額）の発展的解消：

　マージン規制の適用されないCSAにおいては、Independent Amountの記入欄があり、ボラティリティ（価格変化率）の高い取引が被担保取引に含まれる場合等に例外的に適用される場合があった（通常は不適用）。しかし、マージン規制導入後は、同規制により予備的な担保としてIM（当初証拠金）が登場したため、Independent Amountは発展的に解消し、VM CSAやIM CSAにはIndependent Amountの記入欄は無い。

・担保の受渡期間の短縮化：

　マージン規制の適用されないCSAにおいては、担保請求（マージンコール）を行った日の翌営業日（または3営業日以内）に担保の受渡を行う旨が規定されていた。その場合には担保請求を行った日をT+0とし、T+1での（またはT+3までの）担保受渡で良いものと考えられていた。しかし、マージン規制導入後は、被担保取引の成約日をT+0とし、かつその翌営業日となる担保請求を行う日をT+1とし、一般的にT+1つまり担保請求を行う日の当日中の担保受渡が求められることとなった（国・地域によって微妙な差異あり）。つまり、マージン規制の導入の前後で"T+0"や"T+1"の意味が異なり、担保受渡を行うべき日が少なくとも1営業日は前倒しとなっている訳であり、その点に注意が必要である。

・IM授受オペレーションの特性：

　マージン規制の適用されないCSAやマージン規制に基づく変動証拠金（VM）専用のVM CSAにおいては、授受する担保額の算定に用いる元データはエクスポージャー（被担保取引の時価評価額）である。しかし、マージン規制に基づく当初証拠金（IM）専用のIM

CSAにおいては、授受する担保額の算定に用いる元データはエクスポージャーではなく、ISDA制定のSIMMや標準表と呼ばれる算出方式に基づいて算出された必要IM額である。

　また担保の授受や保管についても、通常のCSAやVM CSAにおいては、各当事者が自ら担保授受や受領した担保の保管を行い、時には、受領担保の運用も行うが、IM CSAにおいては、IMの分別管理が義務付けられているため、担保授受と受領担保の保管はカストディアンや信託銀行が行い、かつ受領担保の運用は禁止されている。

　マージン規制に基づくVM、IMの担保オペレーションの詳細については、「必携デリバティブ・ドキュメンテーション規制対応編」の第2章を参照されたい。

6　リーマン・ショックからマージン規制への動き

　2008年9月のリーマン・ショックは、デリバティブ取引による行き過ぎた投機行為が原因だった。サブプライムローンと呼ばれる住宅ローン債権を原資産とする抵当証券を対象（参照債務）とするCDS取引（クレジット・デフォルト・スワップ）が大量に取引されていた。CDS取引とは保証に類似するデリバティブ取引であり、プレミアム（保証料に相当）の受領を対価として、参照債務である債券にCredit Eventに該当する事象が発生すると、同債券を原価で買い取る（または同債券の値崩れ分を現金で補償する）つまり事実上の保証を行う取引である。なお、Credit Eventとは、CDS取引の参照債務である債券に対する保証履行の引き金となる事象（デフォルト）の意である。CDS取引は、その対象（参照債務）となる債券の現物を保有していなくても取引成約が可能であるため、プレミアムを受領する権利自体が売買の対象となり、サブプライムローン抵当証券の発行額の数百倍、数千倍の額のCDS取引が取引されていた。その抵当証券がデフォルトし、それがCDS取引のCredit Eventに該当し、一挙に巨額の保証を履行せざるを得なくなり、

それに耐えられなくなったリーマン・ブラザーズが経営破綻し、連鎖倒産も発生した。それがリーマン・ショックである。

リーマン・ショックを契機として、その再発を防止するべく、デリバティブ取引の規制が強化された。その結果、デリバティブ取引の取引明細の当局報告、店頭デリバティブ取引の中央清算機関（CCP）への清算集中（事実上の上場化）、CCPに清算集中できない店頭デリバティブ取引の有担保化（CSAに基づく相対での担保授受）等が法令により義務付けられた。かかる規制のうち、非清算集中店頭デリバティブ取引について相対で担保（証拠金）の授受を義務付ける規制は、俗に「マージン規制」と呼ばれ、以降、マージン規制は業界に多大な影響と負担を及ぼすこととなった。

マージン（margin）とは証拠金（担保）の意であり、元々は、証券取引所や金融先物取引所において取引参加者が取引所に積む担保のことである。前述のCCPも取引所に類似した組織であり、相対で成約したデリバティブ取引がCCPに譲渡されれば、そのリスク削減のために参加者は証拠金をCCPに積まなければならない。証拠金には変動証拠金（Variation Margin、略してVM）、当初証拠金（Initial Margin、略してIM）の2種類がある。マージン規制の導入により、CCPに清算集中できない店頭デリバティブ取引についても取引当事者間でVMとIMの相対の授受を義務付けられることとなり、そのためにVM CSA、IM CSAと呼ばれる専用の担保契約書の締結が必要となった。

CSAはマージン規制の導入前よりインターバンク取引を中心にかなり普及していたが、その当時は、あくまでも取引機会の拡大や与信保全の手段として任意で締結していた。しかも、その取引条件も、担保授受の頻度を定めるValuation Date（評価日）が日次ではなく、週次、月次であったり、無担保での取引を許容する限度額であるThreshold（無担保限度額）も常にゼロではなく、取引相手の信用格付に応じて金額が変化する条件とされている等、かなり緩やかな契約条件で締結されていた。

しかし、マージン規制に対応するべく締結するVM CSA、IM CSA

においては、Valuation Dateは日次、ThresholdはVM CSAでは常にゼロ、IM CSAでは企業グループ全体の合計で5,000万ユーロ以内とすることが法令で義務付けられる等、その取引条件が厳格化されている。またIMについては、第三者であるカストディアンや信託銀行に保管する分別管理が義務付けられ、IM分別管理に必要な担保管理契約書（Account Control Agreement、信託契約書）のカストディアンや信託銀行との締結も必要とされるに至った。その結果、マージン規制対応に要するドキュメンテーションの負担が急増し、他方で、VM CSA、IM CSAと区別するべく、従前の既存CSAは"Legacy CSA"と呼ばれることとなった。

　以上がリーマン・ショックからマージン規制の登場までの概略であるが、次節以下で、本邦におけるマージン規制の適用範囲やその段階的導入の歴史的経緯、必要となる契約書を解説する。

７　本邦におけるVM／IMの適用範囲と適用開始スケジュール

　マージン規制で必要とされる証拠金には変動証拠金（Variation Margin、以下VMと略記）と当初証拠金（Initial Margin、以下IMと略記）がある（図表8－3参照）。VMは、非清算集中店頭デリバティブ取引の時価に対応する証拠金であり、日々の時価変動のオフセットを目的とする。IMは、非清算集中店頭デリバティブ取引について、将来、発生し得る費用または損失の合理的な見積額に対応する証拠金であり、デフォルト発生から損害額の確定までの間に生じる不測の事態への備えを目的とし、その分別管理、倒産隔離が必要とされる。

図表8-3　証拠金の種類

証拠金の種類	その趣旨と目的
VM	非清算集中店頭デリバティブ取引の時価に対応する証拠金であり、日々の時価変動をオフセットするものである。従って、被担保取引とのネッティング、担保物の運用が可能である。
IM	非清算集中店頭デリバティブ取引について、将来、発生し得る費用または損失の合理的な見積額に対応する証拠金であり、デフォルト発生から損害額の確定までの間に生じる可能性のある不測の事態に備えるものである。その性質上、他の資産との分別管理、IMを保管するカストディアンや信託銀行の倒産の影響を受けない倒産隔離が必要とされる。被担保取引とのネッティング、担保物の運用は不可である。

　マージン規制の詳細は国・地域ごとに微妙に異なり、その全てを本節で解説することは困難である。そのため、本節では、日本のマージン規制の段階的な適用の概略のみを解説する。日本のマージン規制におけるVM、IMについては、金融商品取引法等に基づき、デリバティブ取引等の想定元本の平均残高（算出方法は後述）に応じて、図表8-4記載の段階的な適用開始が行われた。なお、同記載は概略であり、残高の計算対象となる商品や計算方法等の詳細は規制の条文を直接確認願いたい。

　当初は、IMの段階適用はIM Phase 1～IM Phase 5の5段階であり、最終フェーズのIM Phase 5は残高1.1兆円超の先に2020年9月1日から適用開始とされていた。ところが、2019年7月23日にBCBS（Basel Committee on Banking Supervision／バーゼル銀行監督委員会）とIOSCO（International Organization of Securities Commissions／証券監督者国際機構）が「AANA（Aggregate Average Notional Amount／想定元本の平均残高）が500億ユーロ超、7,500億ユーロ以下の先については、2020年9月1日を適用開始日とし、AANAが80億ユーロ超、500億ユーロ以下の先については、2021年9月1日を適用開始日とする」旨のステートメントを公表した。その結果、IMの段階適用はIM Phase 1～IM Phase 6の6段階となった。その後、2019年9月24日に金融庁より500億ユーロを7兆円相当とする旨の発表があり、新しいIM Phase 5

図表8－4

証拠金の種類	残高基準（想定元本ベース）	適用開始時期
VM	420兆円超（金商法内閣府令適用）	2016年9月1日（VM Phase 1）
	3,000億円以上（金商法内閣府令適用）	2017年3月1日（VM Phase 2）
	3,000億円未満（監督指針適用）	2017年3月1日（VM Phase 2）
IM	420兆円超	2016年9月1日（IM Phase 1）
	315兆円超	2017年9月1日（IM Phase 2）
	210兆円超	2018年9月1日（IM Phase 3）
	105兆円超	2019年9月1日（IM Phase 4）
	7兆円超	2021年9月1日（IM Phase 5）
	1.1兆円超	2022年9月1日（IM Phase 6）

の日本のマージン規制での閾値は7兆円に決定した。ところが、その後、2019年暮れから新型コロナ・ウイルスが世界中に蔓延したため、2020年4月にIM Phase 5、IM Phase 6が1年延期された。その結果、IM Phase 5は2021年9月1日に、IM Phase 6は2022年9月1日に、それぞれ順延された。

なお、規制義務対象先の判定に係る想定元本の平均残高（AANA）は図表8－5記載の方法で算出する。

特に注意が必要なのは、IMの規制義務対象者の判定に係る取引残高の計算対象取引に、IM授受の対象取引ではない先物外国為替取引が含まれる点である。その結果、先物外国為替取引を主に取引している会社が、IMの規制義務対象先に該当しつつも、デリバティブ取引の残高が皆無または僅少のため、実際にはIM授受が発生しないにも拘わらず、IM CSA等を締結し、カストディアン（グローバル・カストディアン）や信託銀行によるIM授受のインフラ整備を行う義務が課せられるという矛盾が発生してしまう。

図表8－5

	VM	IM
計算対象取引	店頭デリバティブ取引	非清算集中店頭デリバティブ取引、非清算集中店頭商品デリバティブ取引および先物外国為替取引
計測期間および算出方法	前々年4月から前年3月まで（基準時が12月の場合は前年4月からその年の3月まで）の各月末時点における清算集中取引を含む店頭デリバティブ取引の想定元本の合計額の平均額で算出。	前年の3月から5月まで（基準時が9月から12月に属する場合はその年の3月から5月まで）の各月末日における上記計算対象取引の想定元本の合計額の平均額で算出。
計算対象主体	個社別の取引残高ベース（金商法上の登録主体ベース）	グループ連結ベース（当該企業グループ全体の取引残高ベース）

　但し、上記矛盾については、2019年3月5日にBCBSとIOSCOが共同で発表したマージン規制の最終フェーズ（その時点ではIM Phase 5）に関するステートメントにより、解決が図られた。同ステートメントは、算出された必要IM額が、グループ連結ベースでの計5,000万ユーロのIM Threshold（IM免除限度額）以内に収まる場合には、IM CSA等の締結、カストディアンや信託銀行を用いたIM授受が免除される旨を記している。通常、企業グループ全体で上限5,000万ユーロとして許容されるIM Thresholdは、同企業グループ内の各会社に分配されるため、当該会社とその特定の取引相手（およびそのグループ企業）との非清算集中店頭デリバティブ取引について算出された必要IM額が同会社に分配されたIM Threshold以内に収まっていれば、同会社は同取引相手（およびそのグループ企業）との間ではIM CSA等の締結やIM授受を免除されるものと考えられる。

　しかし、実務上は、必要IM額をISDA開発の定量的計算モデルであるSIMM（Standard Initial Margin Model）または標準表（標準掛目方式）

を用いて算出し、必要IM額がIM Threshold以内に収まっていることをモニタリングするには、SIMMや標準表に基づく算出方法を規定したIM CSA等の締結が、最低限、必要と推察される。だが、その他方で、上記モニタリングだけを目的とするIM CSA等の締結を回避するべく、IM Thresholdと必要IM額の算出方法等を記したISDA日本支部制定の「IM閾値に関する合意書（Japan Initial Margin Threshold Agreement）」を取り交わす簡便法も検討され、今後の動きが注視されていた。

　その後、新型コロナ・ウイルスの蔓延により1年延期となったIM Phase 5（2021年9月1日）では、その該当先の多くがデリバティブ取引の取引量が少なく、算出した必要IM額が同社に分配されたIM Threshold以内に収まっていたため、上記の「IM閾値に関する合意書」のみを署名締結して、モニタリングを行う対応となった。中には、「IM閾値に関する合意書」を正式に署名締結することすら行わず、Eメールに必要IM額の算出方法（SIMMまたは標準表）、割り当てられているIM Thresholdの金額等の必要最小限の事項を記載して取引相手に送信し、それを応諾する返信Eメールを取引相手から受信しただけで済ませた先もあった。但し、かかる簡便法でIM Phase 5の到来時を擦り抜けても、それ以降にデリバティブ取引の取引量が増加して必要IM額がIM Thresholdを越えれば、結局はIM CSA等の締結やカストディアン利用の準備を行わなければならなくなる訳であり、あくまでも暫定対応に過ぎない。

　2022年9月1日のIM Phase 6においても、同様に多くの先が「IM閾値に関する合意書」による暫定対応を行った模様だが、今後の動きが注視される。

8　VM CSAの類型

　変動証拠金の授受に用いるVM CSAには下記の3つの様式がある。

・ISDA 2016 Credit Support Annex for Variation Margin（VM）
（Security Interest-New York Law）（以下NY VM CSA）

　ニューヨーク州法準拠のVM専用のCSAである。契約書の内容は
Legacy CSA（下記の［参考］欄を参照）のNY CSAに類似している。
Threshold、Independent Amount、Credit Support Amountといっ
た専門用語が削除され、VMに関する専門用語が追加されている。法
律構成は、ニューヨーク州法上の質権（米国質権）である。

・ISDA 2016 Credit Support Annex for Variation Margin（VM）（Title
Transfer-English Law）（以下UK VM CSA）

　英国法準拠のVM専用のCSAである。契約書の内容はLegacy CSA
のUK CSAに類似している。Threshold、Independent Amount、
Credit Support Amountといった専門用語が削除され、VMに関する
専門用語が追加されている。法律構成は英国法上のtitle transferであ
る。

・ISDA 2016 Credit Support Annex for Variation Margin（VM）
（Loan-Japanese Law）（以下JP VM CSA）

　日本法準拠のVM専用のCSAである。契約書の内容はLegacy CSA
のJP CSAに類似している。Threshold、Independent Amount、
Credit Support Amountといった専門用語が削除され、VMに関する
専門用語が追加されている。法律構成は日本法上の消費貸借（消費寄
託）のみである。Legacy CSAのJP CSAに記載されていた日本法上
の質権は、ほとんど使用されていなかったことから、削除された。

［参考］Legacy CSAのマージン規制仕様への修正によるVM CSAの代
　　　　用も可能。

　Legacy CSAとは、従来のCSA様式すなわち下記のNY CSA、UK
CSA、JP CSAの総称である。

・1994 ISDA Credit Support Annex（Security Interest-New York
Law）（以下NY CSA）

・1995 ISDA Credit Support Annex（Transfer-English Law）（以下 UK CSA）

・1995 ISDA Credit Support Annex（Security Interest-Japanese Law）（以下 1995 JP CSA）

・2008 ISDA Credit Support Annex（Loan/Japanese Pledge）（以下 2008 JP CSA）

（注）1995 JP CSA と 2008 JP CSA を総称して、以下 JP CSA と呼ぶ。

　なお、Legacy CSA の法律構成は、NY CSA がニューヨーク州法上の質権、UK CSA が英国法上の title transfer、JP CSA が日本法上の質権、消費貸借（消費寄託）である。

　Legacy CSA は与信管理の強化と取引機会の拡大の目的で締結されていたため、その締結は任意であり、担保授受の方法や担保物も当事者の契約自由の原則に任せられていた。しかし、マージン規制の登場により、デリバティブ取引の取引実績のある金融機関は、原則として、変動証拠金の授受が求められ、その担保授受の方法や担保物についても法令上の基準を満たすことが求められることとなった。その結果、変動証拠金の授受専用の VM CSA 様式が制定された。

　しかしながら、Legacy CSA における担保とマージン規制に基づく変動証拠金には、その授受が任意なのか、法令上の義務なのかの違いはあっても、実務上は、ほとんど差異は無い。その差異は、CSA に記載する Threshold、Minimum Transfer Amount、担保授受のタイミング等の契約条件を法令上の基準に合わせて記入する必要がある点だけである。そのため、わざわざ VM CSA を新規締結せずとも、既存の Legacy CSA をアメンド（条件変更）するか、または新規に Legacy CSA を締結し、その契約条件をマージン規制の仕様に合わせる場合も多い。その理由は、新様式の VM CSA の締結手続等の社内ルールの制定に手間が掛かるため、省力化の観点から、Legacy CSA に関する既存の社内ルールに基づいて対応する方が楽だからである。

　但し、Legacy CSA と VM CSA の条項には、下記の主な相違点があ

るため、その点には注意が必要である。

・Legacy CSA所定 のCredit Support Amount、Threshold、Independent Amountという概念がVM CSAには無い。

・Legacy CSAには無いCovered Transactionsの概念がVM CSAには有る。

・Legacy CSAに は 無 いLegally Ineligible Credit Support（VM）、Credit Support Eligibility Conditions（VM）に 関 す る 規 定 がVM CSAには有る。

・Legacy CSAには無いFX Haircut Percentageの概念がVM CSAには有る。

・Legacy CSAに は 無 いRegular Settlement Day（Cash Settlement Day, Securities Settlement Day）の概念がVM CSAには有る。

・Legacy CSAには無いCredit Support Offsets、Other CSAの概念がVM CSAには有る。

・JP CSA所定の質権に基づく担保法律構成がJP VM CSAでは廃止され、消費貸借（消費寄託）に基づく担保法律構成のみとなっている。

⑨ IM CSA等の類型

　当初証拠金専用の担保契約書には、図表8－6のとおり、ISDA制定のIM CSAとISDAと カ ス ト デ ィ ア ン が 共 同 制 定 し たCollateral Transfer Agreement（以下CTAと略記）があり、更にその準拠法の異なる複数の様式がある。IM CSAとCTAは、その基本的な内容はほぼ同じである。しかし、IM管理に使用するカストディアン、信託銀行や取引相手の所属する法域によって、適宜、IM CSAとCTAを使い分ける必要がある。

　具体的には、使用するカストディアンがThe Bank of New York Mellon（以下BNYM）やJ.P. Morgan Chase Bank, N.A.（以下JPM）の場合にはIM CSAを締結するが、Euroclear Bank SA／NV（以下

図表8－6

制定者	契約書名	担保契約の法律構成
ISDA	ニューヨーク州法準拠IM Credit Support Annex（"NY IM CSA"）	ニューヨーク州法の質権（米国質権）
	英国法準拠IM Credit Support Deed（"UK IM CSD"）	英国法のFixed Charge（質権に類似）
	日本法準拠IM Credit Support Annex（"JP IM CSA"）	日本法の消費貸借
ISDAとEBの共同制定	Euroclear版英国法準拠Collateral Transfer Agreement（"UK EB CTA"）	ベルギー法の質権
	Euroclear版ニューヨーク州法準拠Collateral Transfer Agreement（"NY EB CTA"）	ベルギー法の質権
ISDAとCLBの共同制定	Clearstream版英国法準拠Collateral Transfer Agreement（"UK CLB CTA"）	ルクセンブルク法の質権
	Clearstream版ニューヨーク州法準拠Collateral Transfer Agreement（"NY CLB CTA"）	ルクセンブルク法の質権

EB）やClearstream Banking S.A.（以下CLB）の場合にはCTAを締結する。また日本法準拠のIM CSAは、IMを日本の信託銀行で管理する場合に締結する。

　そのため、1つの契約書で双方の担保差入を規定する場合（two way方式）と、Party Aの担保差入用とParty Bの担保差入用で2種類の担保契約書を締結する場合（one way方式）がある。なお、IM CSA、CTAのいずれもParty AとParty Bの二者間で締結する（詳細は筆者の拙著「必携デリバティブ・ドキュメンテーション規制対応編の3-3を参照）。

🔟　IMの分別管理・倒産隔離に使用する契約書の類型

　IMは、デリバティブ取引の当事者の倒産発生から最終的な清算金額の確定までの間に発生する不測の事態に備える、予備的な担保である。そのため、IMをデリバティブ取引の当事者以外の第三者であるカストディアンや信託銀行に保管する分別管理が義務付けられている。またIMを保管するカストディアンや信託銀行が倒産しても、その倒産によってIMが減損しないよう倒産隔離も法令上、定められている。本節では、IMの分別管理と倒産隔離に必要とされる契約書の概要を解説する。

　まずカストディアンには、主な先として下記の6社があるが、BNYMとEBが大半のシェアを占めており、実質的に2社による寡占状況である。

主なカストディアン：The Bank of New York Mellon（以下BNYMと
略記）

Euroclear Bank SA／NV（以下EBと略記）

Clearstream Banking S.A.（以下CLBと略記）

J.P. Morgan Chase Bank, N.A.（以下JPMと略記）

Citibank, N.A.

State Street Bank and Trust Company

　他方で、IMの分別管理が可能な信託銀行は実質的に下記の2行のみである。なお、ここで言う信託銀行とは、厳密には資産管理専門信託銀行と呼ばれ、企業から預託された有価証券等の保管、決済、報告等を専門に行う。

信託銀行：日本マスタートラスト信託銀行（三菱UFJ信託銀行との共
同受託）

日本カストディ銀行（みずほ信託銀行からの再受託）

（1）カストディアンによる当初証拠金授受に必要な契約書とその準拠法

　IM授受にカストディアンを使用する場合に必要となる契約書はIM CSA、Collateral Transfer Agreement（以下CTAと略記）といった担保契約書、Security Agreement（以下SAと略記）、Account Control Agreement（以下ACAと略記）といったカストディアン契約、担保明細書の3点セットである。IM CSAとCTAについては前節で概説したので、ここではカストディアン契約、担保明細書について概説する（詳細は筆者の拙著「必携デリバティブ・ドキュメンテーション規制対応編の3-3を参照）。

［カストディアン契約の種類］

　カストディアン契約には、使用するカストディアンにより、担保授受を行う二者間で締結するものとカストディアンを含めた三者間で締結するものがある（図表8−7参照）。但し、いずれの契約書も片サイドずつ、one way方式で締結する。

図表8−7

カストディアン	契約書名	契約当事者
EB	ISDA Euroclear Security Agreement （"EB SA"）	・担保差入人 ・担保受入人
BNYM	BNYM Global Collateral Account Control Agreement （"BNYM ACA"）	・担保差入人 ・担保受入人 ・カストディアン
CLB	ISDA Clearstream Security Agreement（"CLB SA"）	・担保差入人 ・担保受入人
JPM	JPM Account Control Agreement （Triparty） （"JPM ACA"）	・担保差入人 ・担保受入人 ・カストディアン

［担保明細書の概要］

　担保明細書はIMに使用する財物とその担保掛目等を記載した書類で

あり、同一の担保明細書に三者で署名して三者間契約を締結するものと二者間で署名締結した2個の担保明細書を組み合わせて、実質的に三者間契約とするものがある（図表8−8参照）。但し、いずれの担保明細書もone way方式で締結する。

図表8−8

カストディアン	担保明細書名	署名者	締結方法
EB	Collateral Profile （以下CP）	・担保差入人 ・担保受入人 ・カストディアン	別個のCPに担保差入人とEB、担保受入人とEBがそれぞれ二者間で署名を行い、カストディアンを介して2個の署名済CPの担保明細書番号の一致を確認。
BNYM	Eligible Collateral Schedule （以下ECS）	・担保差入人 ・担保受入人 ・カストディアン	三者が同一のECSに署名。
CLB	Appendix A. Counterparty acceptance list and basket （以下Appendix A）	・担保受入人 ・カストディアン	別個のAppendix Aに各当事者がそれぞれ担保受入人の立場でCLBと二者間での署名を行い、カストディアンを介して2個の署名済Appendix Aの担保明細書番号の一致を確認。
JPM	Collateral Management Eligibility Schedule （以下CMES）	・担保差入人 ・担保受入人 ・カストディアン	三者が同一のCMESに署名。

（2）信託銀行による当初証拠金授受に必要な契約書とその準拠法

　　IM授受に信託銀行を使用する場合に必要となる契約書は日本法準拠IM CSA（以下JP IM CSAと略記）、和文の信託契約書およびその付属契約書である。JP IM CSAについては前節で概説したので、ここでは

224

信託契約書とその付属契約書を概説する。

　なお、信託銀行によるIM授受は、通常、邦銀同士の間で行われるため、必ずJP IM CSAを使用する。NY IM CSAやUK IM CSDは、法的矛盾の恐れがあるため、使用しない。

[信託契約書の種類]

　主たる契約書となる当初証拠金分別信託契約書（特定包括信託契約）については、信託協会が制定した雛形に基づいて、各信託銀行がその様式を制定している（図表8−9参照）。また付属契約書として、各種の協定書、合意書、覚書も締結する。主たる契約書、付属契約書の準拠法は日本法のみである。なお、カストディアンの場合に必要となるACA、担保明細書は当初証拠金分別信託契約書（特定包括信託契約）に内蔵されており、締結は不要である（詳細は筆者の拙著「必携デリバティブ・ドキュメンテーション規制対応編の3-3を参照）。

図表8−9

制定者	契約書名
日本マスタートラスト信託銀行と三菱UFJ信託銀行の共同制定	当初証拠金分別信託契約書（特定包括信託契約）
	信託報酬に関する合意書
	共同受託に関する合意書
日本カストディ銀行とみずほ信託銀行の共同制定	当初証拠金分別信託契約書（特定包括信託契約）
	当初証拠金分別信託契約書に関する覚書
	信託事務の委託に関する四者間協定書

11　2016年9月のVM／IM Phase 1から2022年9月のIM Phase 6までの動き

　マージン規制は2009年頃よりG20サミット等で議論が開始され、G20とバーゼル銀行監督委員会（BCBS）および証券監督者国際機構（IOSCO）の協議により2013年9月にその規制内容が決定され、その後、紆余曲折

があり、2016年9月から段階的な適用が開始されることとなった。それを受けて、本邦では2016年3月に金融庁がマージン規制の最終ルールを決定した。

　2016年9月1日からのマージン規制導入に向けて各国・地域でその法整備や施行細則の制定作業が進められ、他方でISDAによる専用の担保契約書（VM CSA、IM CSA）の制定作業、カストディアン各社によるIM管理契約書（Account Control Agreement等）の制定作業、本邦信託銀行によるIM専用信託契約書の制定作業が、それぞれ行われた。しかし、結局、それらの作業の多くが完了したのは2016年6月〜7月頃であり、マージン規制導入にぎりぎりで間に合わせるのが精一杯だった。

　その結果、2016年9月1日からマージン規制が適用開始されるフェーズ1（VM Phase 1およびIM Phase 1）該当の金融機関においては、その必要なインフラ整備と担保契約書等の締結交渉を短期間の突貫作業で行わざるを得ない状況に追い込まれてしまった。特に直前の2016年8月には、深夜残業や土日出社も止む無しという過酷な労働環境となってしまう悲劇に見舞われた。かかる悲惨な状況が予測されたため、EUはマージン規制導入を2017年2月1日へと5ヵ月延期し、香港、シンガポール、オーストラリア等も2017年以降の導入となった。その結果、2016年9月1日から実際にマージン規制を導入したのは米国、カナダ、日本の3カ国だけとなった。

　IM CSA、VM CSA等のドキュメンテーションについては、2016年9月1日までに辛うじて間に合って完了できたが、その直後の担保決済には混乱が生じた。IMの分別管理を行うカストディアンにおける事務処理が追い付かず、9月1日から数日程度、担保（IM）オペレーションの一時停止が発生した。また、ドキュメンテーションにおいても、あまりにも急いで締結したため、誤記や勘違いが後日、発覚して、事後的な訂正・修正が行われたケースもあった。

　その後、2017年2月にEUのマージン規制適用開始（いわゆる欧州IM Phase 1.5）、更に休む間もなく2017年3月にVM Phase 2（いわゆる

VM Big Bang）が到来し、2017年の第1四半期は、2016年9月のフェーズ1を超える地獄の状況となった。特にVM Big Bangにおいては、外資系金融機関、本邦の準大手都市銀行、地域金融機関、証券会社、生損保等の約150社とのVM CSAの締結、VM授受のインフラ整備が必要となり、大混乱となった。その事後処理も含めた全ての作業が漸く終わったのは2017年5月頃であった。

2017年9月のIM Phase 2、2018年9月のIM Phase 3、2019年9月のIM Phase 4においては、いずれも外資系の準大手金融機関の約10社が対象となり、本邦金融機関はIM Phase 2で数社が対象となった程度であり、さほどの混乱は発生しなかった。問題は、最後の山場である2020年9月のIM Phase 5と考えられた。

上記IM Phase 5では、本邦金融機関の20社〜30社がIM適用対象となることが予想された。他方で外資系金融機関については、潜在的なIM適用対象先は数百社あるが、本邦金融機関との取引の無い先は除かれるため、実質的には50社〜70社程度に留まると思われた。しかし、両者を合わせて100社前後の先とIM CSA等を締結し、カストディアンや信託銀行によるIM授受のインフラを整備することは膨大な作業量である。

かかる中、2019年7月23日にBCBSとIOSCOが「AANA（Aggregate Average Notional Amount）が500億ユーロ超、7,500億ユーロ以下の先については、2020年9月1日を適用開始日とし、AANAが80億ユーロ超、500億ユーロ以下の先については、2021年9月1日を適用開始日とする」旨のステートメントを公表した。その結果、IMの段階適用はIM Phase 1〜IM Phase 6の6段階となった。それに伴い、従前のIM Phase 5対象先の約100社のうち、約50社が新しいIM Phase 5先に該当し、残りの約50社がIM Phase 6先に該当するものと推察された。1回で約100社とのIM CSA、カストディアン契約のドキュメンテーションとIM授受オペレーションの準備を行うのが、約50社ずつの2回に分かれたことで、作業負担はやや軽減されたものの、依然として下記①〜③

の問題は残っており、根本的な解決策とはなっていなかった。

①IM Phase 5およびIM Phase 6該当先は、会社規模が小さいため、IM導入に必要な人員やインフラが不足しており、対応が難航する恐れがあった。

②他方で、IM授受を担うカストディアンや信託銀行の処理能力にも限界があった。

③IM Phase 5およびIM Phase 6該当先は、IM授受オペレーションの人員が不足しているため、オート・アロケーション・サービスによる省力化が可能なカストディアンの利用を一般に希望していた。だが、本邦独自の問題として、質権に基づいて担保授受を行うカストディアンの場合、本邦金融機関が倒産し会社更生手続が開始されると、当事者間の合意による質権行使（担保実行）が不可となる問題があり、本邦のIM Phase 5、IM Phase 6該当の金融機関のカストディアン利用の障害となっていた。その解決策として、一括清算法を改正して、同法が質権による担保取引にも適用されるようにすることが、その当時、進められていた。一括清算法の改正は2019年5月に衆参両院で可決された。しかし、その施行細則である内閣府令等の改正については、2019年10月29日にその改正案が発表されたが、施行細則の改正が2020年9月1日のIM Phase 5に間に合うか否かはやや微妙な状況であった。

その後、本章の**7**で前述のとおり、新型コロナ・ウイルスの蔓延によりIM Phase 5とIM Phase 6が1年延期となり、IM Phase 5は2021年9月1日に、IM Phase 6は2022年9月1日に、それぞれ延期となった。その間に幸いにも改正後の一括清算法が2020年5月1日に施行となり、上記の問題③は解決された。また同じく本章の**7**で前述のとおり、ISDA日本支部制定の「IM閾値に関する合意書（Japan Initial Margin Threshold Agreement）」を取り交わす簡便法（いわゆるIMモニタリング）が導入されたことで、IM Phase 5該当の約50社の大半は簡便法で対処することとなり、上記の問題①と問題②についても、とりあえず

混乱は回避することができた。

2022年9月1日のIM Phase 6においても、IM Phase 5と同様に、その対象先の約50社のうちの大半が「IM閾値に関する合意書」による簡便法で対応した模様だが、今後の動きが注視される。

おわりに 「60歳の青春」とは?

　1962年（昭和37年）生まれの筆者は2022年5月に遂に満60歳いわゆる
還暦を迎えた。だが、心身は健康そのものであり、60歳といっても、筆
者にとっては単なる通過地点に過ぎず、気持ちの上では、まだ40歳前後
くらいのつもりである。20歳代〜30歳代の頃に比べれば、確かに体力は
少し衰えてきているが、その衰えを上回る知識と経験値があり、総合点で
は、現在の筆者の方が若い頃の筆者よりもその能力が上回っていることは
明らかな事実である。

　それが証拠に、ここ数年は、本業の銀行での仕事の傍ら、ほとんど毎年
1冊のペースで新刊書または既刊書の改訂版を上梓しており、それ以外に
も単発の論考を専門誌に寄稿し、またセミナー（講演）も年に数回行って
いる。かつての自分では不可能だったことを、今では年中行事として行っ
ている訳である。しかも、デリバティブ取引に対する規制が強化され、法
務ドキュメンテーションの求められる技術水準が上がってきている状況下
では、日々、専門スキルの向上に努める必要がある。それでも何とか持ち
こたえているのは、筆者がまだ現役で働ける明白な証拠である。

　しかし、世の中の還暦に対する風当たりは依然として厳しいものがある
のも明白な事実である。心身も健康でパフォーマンスも低下していないに
も拘らず、単に満60歳になったという理由で処遇が低下する、他の職場
に移らねばならない等という理不尽がまかり通っている。国が定めた高齢
者雇用安定法に基づいて満60歳から満65歳までの雇用義務が企業に課せ
られている。しかしながら、その処遇面について国の法律では保証してい
ない。そのため、長年の経験値と奥深いノウハウを有する熟練工の社員に
対して、満60歳以降の不当に低い処遇を提示して、社員を憤慨させて、
社員の方から退職の意思を示めさせて、依願退職の形にすれば、解雇や雇
止めには該当せず、企業は上記の雇用義務に違反することは無い。かかる
横暴な行為はブラック企業の得意技だが、かなり大手の有名企業において

も同様の事例が頻発しているらしい。事実、その被害を受けた友人、知人の実話には、枚挙に暇がない。かかる事例は、今日のコンプライアンスの見地から許し難い所業である。

　上記の如き行為を繰り返す企業は、たとえ法の網の目はくぐれても、早晩、社会的制裁を受けることだろう。社会的制裁とは、人材が失われ、新卒の採用や中途採用でライバル企業との競争に敗れ、業績の悪化を招き、事故や不祥事が頻発し、顧客の信用を無くすことである。正に「天網恢恢疎にして漏らさず」である。最近、注目されているESGやSDGsは地球温暖化の防止だけを目指すものではなく、労働者の人権への配慮も重要な目標としている。そうした世界規模での社会的要請を遵守しない企業は、チャールズ・ダーウィンの「適者生存の法則」によって自然淘汰されることだろう。

　「適者生存の法則」とは、ダーウィン自身の言葉とは若干のニュアンスは異なるが、平たく言えば、「環境の変化に適応できる者だけが生き残る」という趣旨である。筆者は、様々な事情により、他社への移籍を計3回、職場の合併を計4回も経験した。移籍や合併によって職場環境や人間関係や仕事の進め方がらりと変わってしまう。その都度、新しい環境に自分自身を合わせていくのは、正直な話、かなりの苦痛とストレスを感じる作業である。自分のサイズや体型に合った服を注文するのではなく、お仕着せで与えられた服に自分の身体を無理して合わせるのだから、苦痛を伴うのは当たり前である。しかしながら、環境の変化に適応できない者は自然淘汰されてしまう。それが嫌ならば、新しい環境に適応せねばならない。

　筆者は、新卒で1986年（昭和61年）に就職して以降、今日までの37年間に、移籍と合併により、計7つの金融機関に勤務した。その全ての環境に適応できた訳ではなく、時には危機的状況に陥ったこともあったが、その都度、創意工夫や業界のネットワークを駆使する等して、切り抜けてきた。その意味では、悪戦苦闘しつつも、何とか環境の変化に適応してきたと言えるだろう。

　但し、環境の変化に適応するとは言っても、人間も生物である以上、そ

の種を変えることはできないし、個体としての体質や性格を変えることは困難である。そこで登場する次のキーワードは「和して同ぜず」である。この言葉は、言い換えれば、「環境適応と個性発揮は両立が可能」という意味である。一見、相矛盾する環境適応と個性発揮は、実は両立が可能なのである。例えば、スポーツにおいては、ルールに従ってプレイを行い、所属チームのユニフォームを着用せねばならない。それは正に環境適応であり、「郷に入っては郷に従え」である。しかし、いざ試合が始まれば、個々のプレイにおいては、選手個人の能力や技で個体差を示すことができる。それが正に個性発揮である。またユニフォームは同じでも、髪型やメイクあるいは用具（バットやラケット等）の色や模様について、ルールに抵触しない範囲で個性を示すことは可能である。

　同じことが会社員にも当てはまる。法令や就業規則や事務手続は遵守するが、現場の各担当者に付与されている裁量権の範囲では、各人の個性を発揮しても構わない訳である。むしろ最近では、独創的なアイデアを示すような型破りな人材を重視する企業が増えつつある。判で押したような保守的な優等生よりも、多少はガラが悪くても、旧弊を打破する突破力のある曲者が評価される訳である。優等生との比較で呼ぶ「曲者」という表現は正しくないだろう。曲者ではなく、むしろ先駆者（パイオニア）と呼ぶべきだろう。

　筆者は、保守的な邦銀において、邦銀から他の邦銀（ライバル他行）に移籍し、その後、元居た邦銀へと復職し、更に、還暦を迎えてから別の邦銀へと移籍した。いずれの移籍も、当時としては、史上初または稀有な事例だった。それだけに驚きや羨望の対象となり、時には、いわれなき誹謗中傷や迫害を受けたこともあった。しかし、今にして思えば、その当時は奇異に見られた筆者のような移籍は、現在では頻繁に発生する通常の移籍である。また本の執筆や講演といった副業についても、筆者がそれを始めた1995年当時は正に禁断の領域だった。しかし、今や、「人生百年の時代」を迎え、社員のスキル・アップと第二の人生への備えとして、企業が社員に副業を推奨するようになっている。邦銀間の移籍も副業も、単に時期が

早かっただけで、何ら不思議な話ではなかった訳である。

　何事においても、先駆者は茨の道を歩むのが宿命であり、その受難を当然の事として耐え忍ぶのが先駆者なのである。我ながら、この37年間、図らずも先駆者としての人生を送ることとなり、余計な回り道やストレスの溜まる場面が多々あった。しかし、いかなる時も、努力は必ず報われたので、努力できること自体が一種の才能なのだと信じて過ごした歳月だった。仕事中に、ふと手を休めて、暫時、遠い過去の出来事を回顧する今日この頃である。やはり年を取った証拠なのかも知れない。

　ところで、かの有名なダグラス・マッカーサー元帥が、生涯、座右の銘としていた、サミュエル・ウルマン作の「青春の詩」には「青春とは人生のある期間を指すのではなく、心の持ち方を指すものである。」「年を重ねただけでは人は老いない。理想を失う時に初めて老いがくる。」と記されている。筆者はその詩の趣旨を「青春とは、常に新しい事物、より高い目標へと無限の挑戦を続ける情熱に在る。」と理解している。数年前に筆者は幸運にも、第一生命保険株式会社の本社ビル内に保存されているマッカーサー元帥の執務室を見学する機会に恵まれた。古めかしい調度品が並び、ややカビ臭い匂いのする部屋だったが、今にも、コーンパイプを口に咥えてサングラスを掛けたマッカーサー元帥が現れて来そうなオーラが感じられた。その部屋で筆者は上記の「青春の詩」に出会った。マッカーサー元帥の野心と自己顕示欲に溢れた、エネルギッシュな言動の源がその詩であったことに深い感銘を受け、その日以降、筆者もその詩を座右の銘とした。

　従って、たとえ還暦を迎えても、「60歳の青春」は存在し得る訳であり、筆者としては、今後も新しい著作に挑戦していく所存である。先ずは、既刊書の「担保・個別契約書編」の全面改訂から「60歳の青春」の実践を開始したい。請うご期待である。

令和4年8月　自宅の書斎で秋を告げるツクツクボウシの声を聞きながら。

植木雅広

＜主な参考文献＞

- 「User's Guide to the 1992 ISDA Master Agreements」ISDA刊　1993年

- 「1992年版ISDAマスター契約ユーザーズ・ガイド」ISDA日本支部ドキュメンテーション・コミッティー刊　1993年

- 「1992年版ISDAマスター契約概説書（改訂版）」ISDA日本支部ドキュメンテーション・コミッティー刊　2001年

- 「1992年版ISDAマスター契約（参考訳）」ISDA日本支部刊

- 「User's Guide to the 2002 ISDA Master Agreement」ISDA刊　2003年

- 「2002年版ISDAマスター契約概説書」ISDA日本支部ドキュメンテーション・コミッティー刊　2004年

- 「2002年版ISDAマスター契約（参考訳）」ISDA日本支部刊

- 「1998 FX and Currency Option Definitions解説資料」東京外国為替市場委員会刊　2001年

- 「デリバティブがわかる」可児滋、雪上俊明、判澤秀久著、日経文庫　日本経済新聞出版社刊　2012年

- 「図解　いちばん面白いデリバティブ入門（第3版）」永野学著　東洋経済新報社刊　2022年

- 「図解　いちばん面白いデリバティブ練習帳」永野学著　東洋経済新報社刊　2008年

- 「図解入門ビジネス　最新　デリバティブの基本とカラクリがよ～くわかる本［第2版］」藤崎達哉著　株式会社秀和システム刊　2019年

- 「デリバティブ入門講義」根岸康夫著　一般社団法人金融財政事情研究会刊　2018年

- 「五訂　デリバティブ取引の基礎―利用法からリスク管理まで―」三宅輝幸著　株式会社経済法令研究会刊　2008年

- 「スワップ取引のすべて（第5版）」杉本浩一、福島良治、若林公子著

一般社団法人金融財政事情研究会刊　2021年
- 週刊金融財政事情2019年1月14日号に掲載の論考「デリバティブ証拠金規制にいかに向き合うべきか」　植木雅広著
- 週刊金融財政事情2021年4月6日号に掲載の論考「国際取引に対応すべく、電子サインの法的有効性を確保せよ」　植木雅広著
- 週刊金融財政事情2022年10月11日・18日秋季合併号に掲載の論考「マージン規制の経験を踏まえた『新規制』導入時の課題」　植木雅広著
- 金融法務事情2022年5月25日号に掲載の論考「暗号資産（仮想通貨）デリバティブ取引の法務上の諸問題」　植木雅広著
- 金融法務事情2022年10月10日号に掲載の論考「ESGデリバティブ取引の法務上の諸問題」　植木雅広著
- 「改訂新版 必携デリバティブ・ドキュメンテーション基本契約書編」植木雅広著　株式会社近代セールス社刊　2021年
- 「必携デリバティブ・ドキュメンテーション担保・個別契約書編」植木雅広著　株式会社近代セールス社刊　2010年
- 「必携デリバティブ・ドキュメンテーション実戦編」植木雅広著　株式会社近代セールス社刊　2016年
- 「必携デリバティブ・ドキュメンテーション別冊サマリー版当初証拠金契約書の実務」植木雅広著　株式会社近代セールス社刊　2019年
- 「必携デリバティブ・ドキュメンテーション規制対応編」植木雅広著　株式会社近代セールス社刊　2020年

以　上

［著者略歴］
植木雅広（うえき・まさひろ）

1962年　愛媛県川之江市（現在の四国中央市）生まれ。

1981年　愛光高等学校卒業。

1986年　東京大学法学部卒業。

同　年　第一勧業銀行（現みずほ銀行）に入行。本所支店勤務の後、国際資金為替部、市場金融部等にて、1990年から2000年までデリバティブ取引の法務・ドキュメンテーションを担当。

1995年　「デリバティブ・ドキュメンテーション」（近代セールス社刊）を上梓。

1999年　「改訂新版デリバティブ・ドキュメンテーション」（近代セールス社刊）を上梓。

2000年　三和銀行（現三菱UFJ銀行）に移籍。その後、2度の合併により勤務先がUFJ銀行、三菱東京UFJ銀行と変わるが、2000年から2008年までデリバティブ取引の法務・ドキュメンテーションやコンプライアンスを担当。

1999年〜2007年　東京外国為替市場委員会・法律問題小委員会の委員を務める。

2004年　「新デリバティブ・ドキュメンテーション」（近代セールス社刊）を上梓。

2008年　みずほコーポレート銀行（現みずほ銀行）に移籍、2022年までALM部、グローバルマーケッツ業務部、クレジットマネジメント部等にてデリバティブ取引の法務・ドキュメンテーションを担当。

同　年　「必携デリバティブ・ドキュメンテーション基本契約書編」（近代セールス社刊）を上梓。

2010年　「必携デリバティブ・ドキュメンテーション担保・個別契約書編」（近代セールス社刊）を上梓。

2016年　「必携デリバティブ・ドキュメンテーション実戦編」（近代セールス社刊）を上梓。

2019年 「必携デリバティブ・ドキュメンテーション別冊サマリー版当初証拠金契約書の実務」（近代セールス社刊）を上梓。

2020年 「必携デリバティブ・ドキュメンテーション規制対応編」（近代セールス社刊）を上梓。

2021年 「改訂新版 必携デリバティブ・ドキュメンテーション基本契約書編」（近代セールス社刊）を上梓。

同　年 東京大学法学部みずほフィナンシャルグループ寄付講座にて特別講義を実施。

2022年 三井住友信託銀行に移籍。

同　年 中央大学経済学部にて特別講義を実施。

現　在 三井住友信託銀行マーケット企画部審議役、金融法学会会員、日本私法学会会員、日本金融学会正会員、ISDA日本支部ドキュメンテーション・コミティー等のメンバー。本業の傍ら、専門書の執筆と講演で活躍中。

植木雅広氏の
「必携デリバティブ・ドキュメンテーション」シリーズ

〈改訂新版〉必携デリバティブ・ドキュメンテーション〔基本契約書編〕

定価：5,830円（税込）　Ａ５判上製・576頁

前著から３章増やした改訂版。より内容を充実させたデリバティブ取引の
虎の巻。

必携デリバティブ・ドキュメンテーション〔担保・個別契約書編〕

定価6,600円（税込）　Ａ５判上製・678頁

担保・個別契約に関する書類作成や締結手続、管理体制整備等を徹底解説。

必携デリバティブ・ドキュメンテーション〔実戦編〕

定価：6,600円（税込）　Ａ５判上製・644頁

既存契約書のアメンドメント実務や締結交渉のケーススタディを詳細解説。

必携デリバティブ・ドキュメンテーション〔規制対応編〕

定価：4,950円（税込）　Ａ５判上製・404頁

非清算集中店頭デリバティブ取引のマージン規制対応を具体的に解説。

必携デリバティブ・ドキュメンテーション別冊

サマリー版　当初証拠金契約書の実務

定価：2,750円（税込）　Ａ５判・108頁

非清算集中店頭デリバティブ取引の当初証拠金に関する契約書実務を要点
解説。

※商品によっては、お取り扱えないケースもありますので、弊社ホームペー
　ジでご確認ください。

必携デリバティブ・ドキュメンテーション〔基礎編〕

2022年12月28日　初版1刷発行

著　者　　植木雅広
発行者　　楠真一郎
発　行　　株式会社近代セールス社
　　　　　〒165-0026東京都中野区新井2-10-11
　　　　　ヤシマ1804ビル4階
　　　　　電話（03）6866-7585　　FAX（03）6866-7595
カバーデザイン　与儀勝美
印刷・製本　三松堂株式会社